formule X

MARTINE PILLETTE

2

table des matières

For information on *Formule X* Book 3, please see the Teacher's Book for Formule X Book 2.

Welcome to Formule X2!

In *Formule X 2* you will recognise *message X* . . . *grammaire X* . . . *eXpo* . . . *teXto* . . . *RelaX!* . . . and more.

A new feature is *de mieuX en mieuX* (better and better!), a set of more challenging activities that give you the chance to show the very best you can do towards the end of each unit.

But first, are you ready to make a flying start with *Formule X 2*? Let's find out.

Tu commences bien?

1 Can you name at least . . .

- **a** six masculine classroom objects?
- **b** six feminine classroom objects?
- **c** six objects that make nice presents?
- **d** six drinks?
- **e** six pets?
- **f** six school subjects?
- **g** six hobbies other than sports?
- **h** six places in town?
- **i** six types of people?
- **j** ten adjectives?
- **k** ten verbs in the infinitive?

2 Can you explain what makes the noun *oiseau* irregular?

3 Can you say and spell the adjective *ennuyeux* in the feminine?

4 Can you list these in chonological order?

- **a** *l'après-midi – la nuit – le matin – le soir – à midi*
- **c** *quarante – soixante – dix – vingt – trente – cinquante*
- **d** *vendredi – mardi – dimanche – lundi – mercredi – samedi – jeudi*
- **e** *août – mars – juin – février – octobre – janvier – avril – juillet*

5 Can you translate **a–d**?

- **a** *Je joue au tennis.*
- **b** *Je veux jouer au tennis.*
- **c** *Je vais jouer au tennis.*
- **d** *Je peux jouer au tennis.*

6 Can you translate **a–f** without hesitation?

a *sur*
b *dans*
c *entre*
d *sous*
e *derrière*
f *devant*

7 Can you spot the odd one out?

a *copain – lapin – oiseau – cobaye*
b *vanille – fraise – piscine – chocolat*
c *vingt – cinquante – quarante – midi*
d *placard – étagère – peluche – tiroir*

8 Can you translate these infinitives?

a *avoir*
b *être*
c *faire*
d *aller*
e *sortir*
f *partir*

9 Can you say and write the verbs from question 8 in full in the present tense?

10 Can you explain in English what *on* means, as in the sentences below?

On aime le rugby dans ma classe.
On peut travailler en groupes.

11 Can you fill the gaps with *mon*, *ma* or *mes*?

a ___ *parents*
b ___ *sœur*
c ___ *frère*
d ___ *copain*
e ___ *devoirs*
f ___ *copine*
g ___ *stylos*
h ___ *règle*
i ___ *cahier*

12 Can you say these words accurately?

a *un carnaval*
b *un parachute*
c *une pyramide*
d *un téléphone*
e *un dromadaire*
f *un crocodile*
g *inventer*
h *imiter*
i *préparer*

Best of luck with *Formule X 2*!

Martine Pillette

Tu habites où?

Learning objectives

Saying where you live (direction + distance)
Revision: countries and numbers 1–69

1 Révision: les pays (countries).

a Regarde ton professeur et écoute les dialogues **1–8**: vrai ou faux ?

b Travaillez à deux, à tour de rôle: devine le choix de ton ou ta partenaire.

message

- Rappel (reminder): *en* + country
  Exception: *au* pays de Galles
- Tu peux utiliser (use):
  Je suis où? – Tu es . . .
  J'habite où? – Tu habites . . .
  Je vais où? – Tu vas . . .
  Je voudrais aller où? – Tu voudrais aller . . .

2 **a** C'est où? Traduis les mots en caractères gras (in bold) à l'aide de la page 160.

1 Clermont-Ferrand est dans **le centre.**
2 Lille est dans **le nord.**
3 Toulouse est dans **le sud.**
4 Lyon est dans **l'est.**
5 La Rochelle est dans **l'ouest.**
6 Nice est dans **le sud-est.**
7 Bayonne est dans **le sud-ouest.**
8 Caen est dans **le nord-ouest.**
9 Strasbourg est dans **le nord-est.**

b Ecoute ton professeur et indique les directions par des mouvements.

c Regarde ton professeur et dis les directions.

d Entraînez-vous (= Pratiquez) à deux ou plus.

3 **a** Regarde la page 160 et écoute **1–8**: vrai ou faux?

Exemple 1 Cork est en Irlande, dans le nord-est.

1 Faux.

b A toi! Ecris six à dix phrases «vrai/faux» à l'aide de la page 160.

c Echangez à deux: vrai ou faux? Corrige les phrases fausses.

4 **a** Révise les nombres 1–69. Ecoute les séries → répète le nombre supérieur.

Exemple Cinquante, soixante.

Soixante!

b Et les distances? Travaillez à deux avec la feuille **1A** ou la feuille **1B**. Objectif: trouver les distances.

Exemple

Sylvie habite loin d'Orléans?

Elle habite à 54 kilomètres d'Orléans.

Glossaire

1 km = 1.6 miles

5 Réponds «vrai» ou «faux» (**1–7**) à l'aide du message de Kader.

En Angleterre, vous avez des régions (East Anglia, West Midlands . . .) et des comtés (le Devon, le Kent . . .). La France a des régions (la Picardie, la Normandie . . .) et des départements. Ma région, la région Centre, a six départements. Mon département s'appelle le Loiret.

Tu habites à Newcastle? Moi, j'habite à Orléans. J'ai beaucoup de copains dans le Loiret. Je rencontre souvent mes copains à Orléans parce qu'ils aiment beaucoup le centre commercial, mais aller à Orléans en autobus, c'est quelquefois difficile. Et en vélo? Impossible avec la distance! Par exemple, ma copine Sandrine habite à Malesherbes, et c'est à 69 kilomètres d'Orléans: c'est loin!

1 La France a des comtés.
2 La France a des régions.
3 L'Angleterre a des départements.
4 Le Loiret est un département.
5 Orléans est une région.
6 Kader habite à Orléans, dans le Loiret.
7 Les copains de Kader aiment beaucoup Orléans.

Comment est ta ville?

Learning objectives

Saying what your town or village is like
Using context in reading
The feminine of adjectives
Coping with liaisons

1 **a** Regarde et écoute la bande dessinée → trouve les paires.

1 propre **2** sale **3** génial **4** nul **5** moderne **6** ancien **7** joli **8** industriel	**a** pretty **b** old **c** awful **d** clean **e** great **f** industrial **g** dirty **h** modern

b Recommence, mais sans (without) la bande dessinée.

c Cache **a–h** et traduis **1–8** mentalement (in your mind) de mémoire.

d Cache **1–8**, écoute la cassette, répète et dis la lettre (**a–h**).

e Cache **1–8** et traduis **a–h** oralement de mémoire.

f Dis les huit adjectifs de mémoire.

2 Ecoute **1–6** et écris les deux lettres (activité **1a**).

Exemple 1 Mon village est sale et ancien.

1 g, b

3 On rappe?

Comment est ton village?
Il est sale? Il est propre?
Il est nul ou génial?
Il est industriel?
Il est joli ou pas?
Moderne ou très ancien?
Oh! Ce n'est pas un village!
Ah, d'accord, je tourne la page!

Et . . . comment est ta ville?
Elle est sale? Elle est propre?
Elle est nulle ou géniale?
Elle est industrielle?
Elle est jolie ou pas?
Moderne ou très ancienne?
Tu . . . habites dans un désert?
Ça, ce n'est pas ordinaire!

grammaire

Adjectifs masculin et féminins

- Invariables au féminin: sale – sale; propre – propre; moderne – moderne
  Réguliers au féminin (+ *-e*): joli – jolie; génial – géniale
  Irréguliers au féminin: industriel – industrielle; nul – nulle; ancien – ancienne
- Prononciation: ancien ↔ chien; bien; Julien
  ancienne ↔ -è- (mère; Internet; chaise)

4 **a** Lis le texte à haute voix à l'aide de la cassette.

J'habite dans une ville en France: elle est dans le sud-est. Elle n'est pas très propre parce qu'elle est très industrielle. Et devant chez moi, la cafétéria est quelquefois assez sale et très bruyante.
Dans le sud, ma ville est très ancienne: l'église Saint-Pierre est géniale. Dans le nord, ma ville est plus moderne mais elle n'est pas très jolie.
Ma ville est nulle le jour, mais géniale la nuit: il y a des clubs, des cinémas . . . Mon problème? Je ne peux pas sortir la nuit! Je sors quelquefois le soir, mais je dois rentrer à 9h30.

message

Liaisons

Do you remember about liaisons? They make French more pleasant to the ear:

deux heures un exercice mon ordinateur

The semi-circles in the text are there to help you make liaisons where needed.

b Travail écrit: fais la feuille **2A**.

1 Est-ce que tu préfères Orléans?

Learning objectives

Giving and justifying opinions (town/village)
Expressing quantity with *Il y a/Il n'y a pas*

Beaugency

Orléans

1 Le père de Kader préfère Beaugency. Pourquoi?

a Lis les raisons possibles (**1–9**) et traduis **a–f**: devine ou regarde *AnneXe* p5.

1 Il y a un centre sportif.
2 Il y a des autobus.
3 Il y a beaucoup de parcs.
4 Il y a beaucoup de loisirs.
5 Il y a plus de cinémas.
6 Il y a moins de voitures.
7 Il y a trop de magasins.
8 Il n'y a pas de piscine.
9 Il n'y a pas assez de loisirs.

a beaucoup de
b loisirs
c plus de
d moins de
e trop de
f pas assez de

b Maintenant (now), devine ses raisons.
Choisis et recopie quatre raisons (**1–9**) → vérifie à l'aide de la cassette.

c Ecoute les phrases et regarde **1–9**.
La phrase est dans la liste? Dis le numéro.
La phrase n'est pas dans la liste? Silence!

Exemple Il y a trop de magasins. — Numéro 7!

2 **a** Regarde «Poubelle», lis les phrases **1–10** et écris «oui» ou «non» → recommence avec «Bijou».

1 Il y a beaucoup de magasins.
2 Il y a trop de voitures.
3 Il n'y a pas assez de parcs.
4 Il n'y a pas beaucoup de loisirs.
5 Il y a moins de voitures.
6 Il y a trop de chiens.
7 Il y a plus de cinémas.
8 Il n'y a pas de problèmes avec les chiens.
9 Il y a beaucoup de parcs.
10 Il n'y a pas assez de loisirs.

message

- Use your imagination if the pictures don't tell you everything.
- This is not an activity with right or wrong answers, but a way to help you recognise and remember phrases with *Il y a . . .* and *Il n'y a pas . . .*

b Cache **1–10** → à deux, faites des phrases orales sur Poubelle et sur Bijou.

3 **a** A deux, improvisez des mini-dialogues:

Est-ce que tu préfères Thrapston ou Stanwick?

Je préfère Thrapston parce qu'il y a une piscine.

b Ecris au moins (at least) six phrases sur une vraie ville, avec des structures d'*AnneXe* p5.

Exemple **A Thrapston, il n'y a pas assez de loisirs.**

message

Attention
parce **que** c'est . . .
parce **qu'**il y a . . .

reinforcement...recycling...extension...

Learning objectives

Coping with numbers 1–69
Applying pronunciation rules to new words
Reusing structures across topics: *Il y a . . . / C'est . . .*

1 Les nombres

a Ecoute et complète les numéros de téléphone.

Exemple 1 Mon numéro, c'est le 38 43 67 59.

1 67

1 38 43 __ __ 59	**5** 15 59 __ __ 18
2 21 63 __ __ 13	**6** 39 27 __ __ 46
3 48 32 __ __ 60	**7** 60 45 __ __ 03
4 67 15 __ __ 40	**8** 20 18 __ __ 09

b A deux, dites les numéros de téléphone **1–8** avec un minimum d'hésitation.

c Jouez tous ensemble (all together) à l'aide de la feuille **2B**.

2 Ma ville

Ces huit adjectifs sont très similaires à l'anglais:

dynamique fantastique touristique
raciste ordinaire violent excitant populaire

a A deux, devinez la prononciation des huit adjectifs.

b Vérifiez tous ensemble (all together) avec le professeur.

c Deux adjectifs changent au féminin: devine.

message X

- Why is this kind of pronunciation practice important?
- You don't need to learn these new adjectives, but you might like to use some of them in *de mieuX en mieuX!* (better and better) on pp14–15.

3 Il y a . . . /Il n'y a pas . . .

a Kaled est en classe. Ecoute **1–10** et compare avec ta situation: identique ou non?

Exemple

Il n'y a pas assez de fenêtres. →  ou 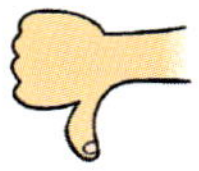.

b Donne ton opinion sur ta salle de classe (*Il y a . . ./Il n'y a pas . . .*): oralement → par écrit.

message X

This shows you that *Il y a . . . / Il n'y a pas . . .* can be used in a variety of contexts.

grammaire X

4 *Il y a . . . / C'est . . .*

- You know *Il y a / Il n'y a pas*, but also *C'est / Ce n'est pas* (book 1):

Les maths, c'est difficile.
assez difficile.
trop difficile.

L'anglais, ce n'est pas intéressant.
très intéressant.
assez intéressant.

So why not use *C'est / Ce n'est pas* when talking about towns or villages?

Sheffield, c'est trop bruyant.
Sheerness, ce n'est pas assez grand.

- Notes:

– assez grand = fairly big
– pas assez grand = not big enough
– adjectives used after *C'est/Ce n'est pas* don't agree.
– you can use *plus, moins* and *trop* with nouns or adjectives:

Olney, c'est trop calme.	Olney is too quiet.
Olney, c'est plus calme.	Olney is quieter (↔ 'more quiet').
Olney, c'est moins bruyant.	Olney is less noisy.
A Olney, il y a trop de parcs.	In Olney, there are too many parks.
A Olney, il y a plus de parcs.	In Olney, there are more parks.
A Olney, il y a moins de voitures.	In Olney, there are fewer cars (↔ 'less of').

A toi!

Avec ta classe, décris des villes ou des villages oralement. Fais des phrases avec:

. . . , c'est (assez / très / plus / moins) . . .
. . . , ce n'est pas (assez/très) . . .

1

Making the most of new language

1 Entraînez-vous (practise) à répondre aux questions **1–5** à deux, oralement et sans notes (without notes).

1 Tu habites où?
2 C'est loin de . . . ?
3 Comment est ton village/ta ville?
4 Est-ce que tu aimes ton village/ta ville? Pourquoi/Pourquoi pas?
5 Est-ce que tu préfères . . . ou . . .? Pourquoi?

message ✗

Tu peux écouter le modèle sur cassette.

2 **a** Recopie les phrases **1–5**.
J'habite à Ingré, en . . .

b Dans **1–5**, souligne les mots possibles à changer.
J'habite à Ingré, en . . .

c Change les mots soulignés: écris des phrases différentes.

1 J'habite à Ingré, en France.
2 C'est une ville dans le centre, à 5km d'Orléans.
3 A Ingré, il y a beaucoup de parcs, mais il n'y a pas beaucoup de loisirs.
4 C'est petit et ce n'est pas très joli, mais c'est calme et ce n'est pas industriel.
5 Et toi, tu habites à Glasgow, non? Est-ce que tu préfères Glasgow ou Edimbourg?

3 **a** Ecoute Grégory (**1–5**) et compare avec les dessins p15.
L'information est exacte? → ✓
Il y a une erreur? → ✗

b A toi! Imagine que tu habites à Grenoble.
Ton objectif: faire un exposé à l'aide des notes.

4 Ecris au moins (at least) 60 mots sur ton village ou ta ville:
- utilise (use) du vocabulaire et des structures variés (voir *AnneXe* et *eXpo* p13);
- finis avec une ou deux questions.

Quiz-géo

1 Il y a combien de pays sur la planète? **a)** environ 200; **b)** environ 500; **c)** environ 1 000.

2 Quel est le continent des premiers hommes préhistoriques? **a)** l'Asie; **b)** l'Afrique; **c)** l'Océanie.

3 Quel océan sépare l'Amérique de l'Europe? **a)** l'océan Atlantique; **b)** l'océan Pacifique; **c)** l'océan Indien.

4 Quel océan couvre le 1/3 de la planète? **a)** l'océan Atlantique; **b)** l'océan Pacifique; **c)** l'océan Indien.

5 Quel continent est au sud de l'Europe? **a)** l'Afrique; **b)** l'Amérique; **c)** l'Asie.

6 L'île de Jersey est à 20km de: **a)** la France; **b)** la Grande-Bretagne; **c)** l'Irlande.

7 La France a combien de villes et de villages? **a)** environ 15 000; **b)** environ 25 000; **c)** environ 35 000.

Départements

La France a 100 départements: 96 à l'intérieur et quatre à l'extérieur:
– la France métropolitaine = les 96 départements de la France intérieure;
– la France d'outre-mer* = les quatre départements extérieurs.

A l'extérieur, il y a:
– la Réunion: une île dans l'océan Indien;
– la Guadeloupe et la Martinique: deux îles d'Amérique centrale, au nord de Sainte-Lucie et la Barbade, et au sud d'Antigua;
– la Guyane française: en Amérique centrale, au nord du Brésil.

En France métropolitaine, les départements ont un numéro et un nom. Exemple:
– le Loiret = 45

Il n'y a pas de département numéro 96. Pourquoi pas?
– La Corse (une île dans la mer Méditerranée) = deux départements: 2A et 2B.

Les départements d'outre-mer n'ont pas de numéro.

Chaque département a une ville principale. Par exemple, dans le Loiret (45), la ville principale s'appelle Orléans.

Glossaire
d'outre-mer = overseas

Carte

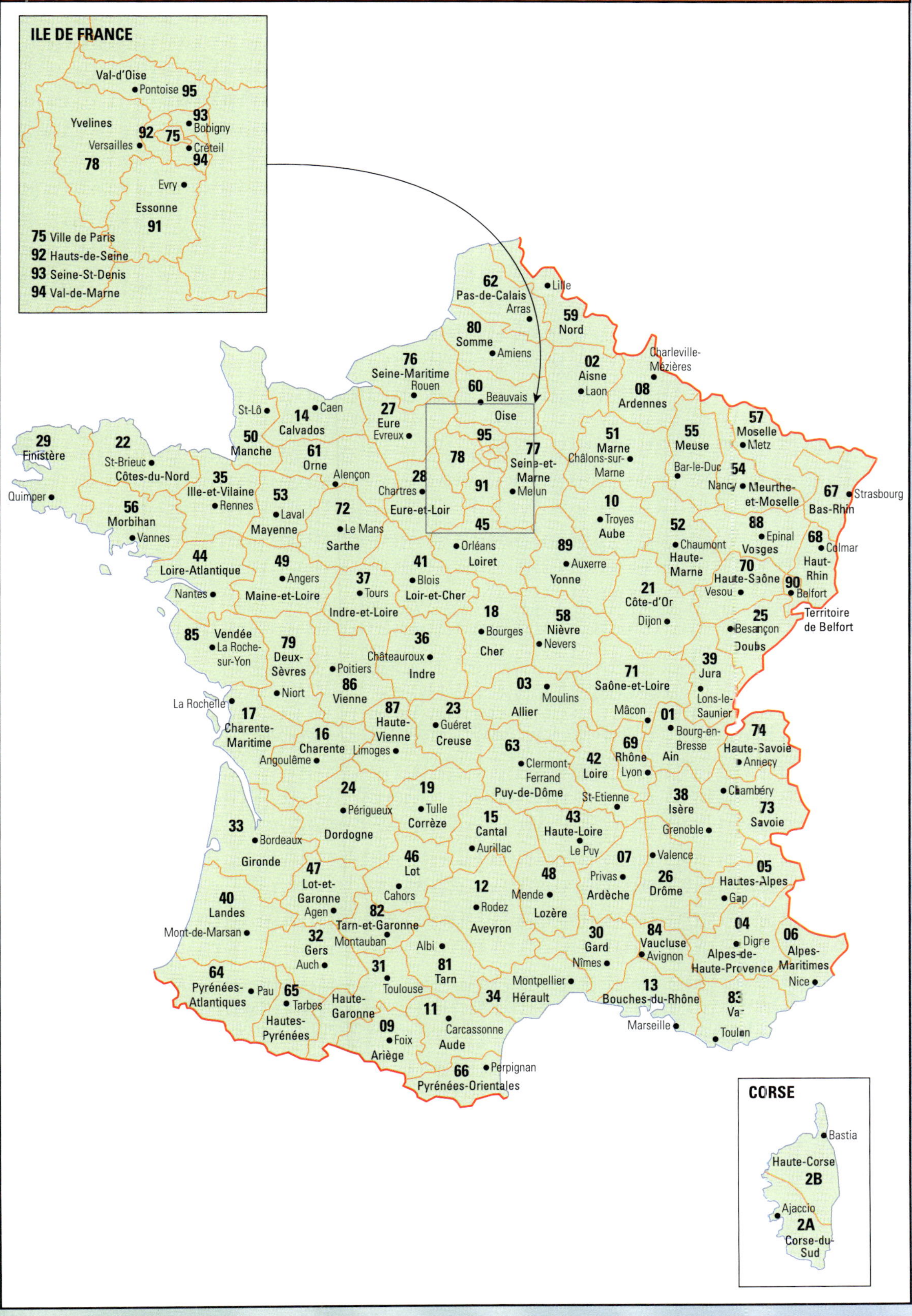
ILE DE FRANCE
Val-d'Oise
Pontoise 95
Yvelines
92
75
93
Bobigny
Versailles
Créteil
78
94
Evry
Essonne
91
75 Ville de Paris
92 Hauts-de-Seine
93 Seine-St-Denis
94 Val-de-Marne
62 Pas-de-Calais
Arras
Lille
59 Nord
80 Somme
Amiens
76 Seine-Maritime
Rouen
60 Beauvais
Oise
02 Aisne
Laon
Charleville-Mézières
08 Ardennes
St-Lô
14 Caen
Calvados
27 Eure
Evreux
29 Finistère
Quimper
22 St-Brieuc
Côtes-du-Nord
50 Manche
61 Orne
Alençon
95
78
77 Seine-et-Marne
Melun
91
45
28 Chartres
Eure-et-Loir
51 Marne
Châlons-sur-Marne
55 Meuse
Bar-le-Duc
57 Moselle
Metz
54 Nancy
Meurthe-et-Moselle
67 Strasbourg
Bas-Rhin
35 Ille-et-Vilaine
Rennes
53 Laval
Mayenne
72 Le Mans
Sarthe
56 Morbihan
Vannes
10 Troyes
Aube
52 Chaumont
Haute-Marne
88 Epinal
Vosges
68 Colmar
Haut-Rhin
44 Loire-Atlantique
Nantes
49 Angers
Maine-et-Loire
37 Tours
Indre-et-Loire
41 Blois
Loir-et-Cher
Orléans
Loiret
89 Auxerre
Yonne
70 Haute-Saône
Vesou
90 Belfort
Territoire de Belfort
21 Côte-d'Or
Dijon
85 Vendée
La Roche-sur-Yon
79 Deux-Sèvres
Niort
86 Poitiers
Vienne
36 Châteauroux
Indre
18 Bourges
Cher
58 Nièvre
Nevers
25 Besançon
Doubs
39 Jura
Lons-le-Saunier
71 Saône-et-Loire
Mâcon
La Rochelle
17 Charente-Maritime
16 Charente
Angoulême
87 Haute-Vienne
Limoges
23 Guéret
Creuse
03 Moulins
Allier
01 Bourg-en-Bresse
Ain
74 Haute-Savoie
Annecy
69 Rhône
Lyon
42 Loire
St-Etienne
63 Clermont-Ferrand
Puy-de-Dôme
24 Périgueux
Dordogne
19 Tulle
Corrèze
15 Cantal
Aurillac
43 Haute-Loire
Le Puy
38 Isère
Grenoble
73 Chambéry
Savoie
33 Bordeaux
Gironde
47 Lot-et-Garonne
Agen
46 Lot
Cahors
12 Rodez
Aveyron
48 Mende
Lozère
07 Privas
Ardèche
26 Valence
Drôme
05 Hautes-Alpes
Gap
40 Landes
Mont-de-Marsan
82 Tarn-et-Garonne
Montauban
32 Gers
Auch
81 Albi
Tarn
30 Gard
Nîmes
84 Vaucluse
Avignon
04 Digne
Alpes-de-Haute-Provence
06 Alpes-Maritimes
Nice
64 Pyrénées-Atlantiques
Pau
65 Tarbes
Hautes-Pyrénées
31 Toulouse
Haute-Garonne
09 Foix
Ariège
11 Carcassonne
Aude
34 Montpellier
Hérault
13 Bouches-du-Rhône
Marseille
83 Var
Toulon
66 Perpignan
Pyrénées-Orientales
CORSE
Bastia
Haute-Corse
2B
Ajaccio
2A
Corse-du-Sud

Mes correspondants

Learning objectives

Saying in which countries you have or would like penfriends
Countries with *en/au/aux* (continued from Book 1)
Looking up English nouns in a dictionary

1 Devine à l'aide du message: un(e) correspondant(e) = a p _ _ _ _ _ _ _ d.

J'ai un correspondant en Ecosse, Matthew, et une correspondante au pays de Galles, Ashley. Matthew n'écrit pas souvent: il apprend le français au collège, mais il trouve ça difficile. Ashley n'aime pas les lettres: elle préfère écrire des e-mails. Elle écrit bien parce que sa mère est française.

J'aime beaucoup avoir des correspondants, parce que c'est important pour mon anglais.

2 Lis les phrases **1–9**: tu comprends les pays (countries)?

1. J'ai un correspondant qui habite à Madrid, **en Espagne**.
2. Je voudrais une correspondante **en Italie**, par exemple à Florence.
3. Tu as un correspondant qui habite à Berlin? C'est **en Allemagne**, non?
4. Je cherche un correspondant **en Inde**, par exemple à Calcutta.
5. Mon frère a une correspondante qui habite **en Chine**, à Shanghai.
6. Je voudrais un correspondant **en Grande-Bretagne**, par exemple à Leeds.
7. Est-ce que tu as un correspondant **au Pakistan**? Moi aussi, à Lahore.
8. Tu veux une correspondante **au Canada**? Toronto, c'est génial!
9. J'ai une correspondante qui habite à New York, **aux Etats-Unis**.

grammaire

- . . . **qui** habite . . . = **who** lives
- **en** + pays (Inde, etc.)

Exceptions:

au Canada
au ?
au ?
aux ?

3 **a** Regarde **1–9** (activité **2**), écoute ton professeur et dis le numéro.
Exemple

Un correspondant en Inde.

Numéro 4!

b Ecoute la cassette et dis «vrai» ou «faux».

c Fais l'opposé de l'activité **3a**.
Exemple

Numéro 2.

Une correspondante en Italie!

4 Lis **1–4** et écoute **5–10**.
Les personnes interviewées ont combien de (how many) correspondants?

5 **a** Et toi? Est-ce que tu as des correspondants? Est-ce que tu voudrais des correspondants? Ecris une ou deux phrases.

b Et tes copains? Interviewe trois personnes et prends des notes (feuille **1A**) → écris une ou deux phrases sur chaque copain.

message

- Section **a**: si nécessaire, cherche des pays dans le dictionnaire. Mais attention:

Pays masculin → **au**
Pays féminin → **en**
Pays pluriel → **aux**

la **Grèce** NOUN
Greece
- **en Grèce (1)** in Greece
- **en Grèce (2)** to Greece

le **Japon** NOUN
Japan
- **au Japon (1)** in Japan
- **au Japon (2)** to Japan

- Sections **a** et **b**: expressions utiles

J'ai un(e) . . .	Andrew/Lucy a un(e) . . .
J'ai aussi un(e) . . .	Il/Elle a aussi un(e) . . .
Je n'ai pas de . . .	Il/Elle n'a pas de . . .
Je voudrais un(e) . . .	Il/Elle voudrait un(e) . . .
Je cherche un(e) . . .	Il/Elle cherche un(e) . . .

Est-ce que tu connais la France?

Learning objectives

Saying where you'd like to travel to
Saying why/what for
Using *pour* + infinitive
Pronunciation: *r* (eXpress)

1 **a** Oralement, improvise des phrases vrai/faux pour ta classe: «Je connais + pays».

Exemple

Je connais l'Irlande du Nord.

b Recopie cinq pays en secret, et imagine que tu connais tes cinq pays → à deux, devinez les pays.

Exemple

Est-ce que tu connais l'Italie?

Non, je ne connais pas l'Italie.

grammaire

Les pays Countries

- Use *en/au/aux* to say that:

  you go/are going to a country: Je vais en France samedi.
  you are/live in a country: Je suis en Ecosse./J'habite en Ecosse.

- Otherwise, use *le/la/les*, even though English doesn't use anything:

  Je connais la France. *I know France.*
  J'aime l'Ecosse. *I like Scotland.*

Pays masculins	Pays féminins	Pays pluriel
au/le ...	**en/l'...**	**aux/les ...**
Canada	Allemagne	Etats-Unis
Pakistan	Angleterre	
pays de Galles	Ecosse	
	Espagne	
	Inde	
	Irlande	
	Irlande du Nord	
	Italie	
	en/la ...	
	Chine	
	France	

2 **a** Trouve les phrases complètes: écris le nombre et la lettre.

Je voudrais aller en France. . .	
1 . . . pour visiter Paris, . . .	**a** . . . ses copains et son collège.
2 . . . pour voir ma famille, . . .	**b** . . . parce que j'aime beaucoup la nature.
3 . . . pour voir mon correspondant . . .	**c** . . . l'est ou dans le sud.
4 . . . pour faire du tourisme dans . . .	**d** . . . par exemple la tour Eiffel.
5 . . . pour faire du camping . . .	**e** . . . parce que j'adore les poissons.
6 . . . pour faire du shopping . . .	**f** . . . parce que mes grands-parents habitent à Calais.
7 . . . pour aller à la plage . . .	**g** . . . parce que je cherche des cadeaux.

b C'est difficile? Pose ton stylo et écoute les phrases complètes.

c Change ou complète tes réponses si nécessaire.

3 **a** Ecris au moins (at least) cinq phrases à l'aide du support écrit (writing frame).

Support écrit
Je connais . . . , mais je voudrais aller . . . , pour . . .

Exemple
Je connais l'Italie, mais je voudrais aller en Espagne pour faire du tourisme.

b Lis les phrases de trois ou quatre personnes différentes dans ta classe. L'orthographe (spelling) est exacte? Vérifie dans *AnneXe* si nécessaire.

4 Travaillez en groupe.

a Découpez les cartes-mots de la feuille **1B**.

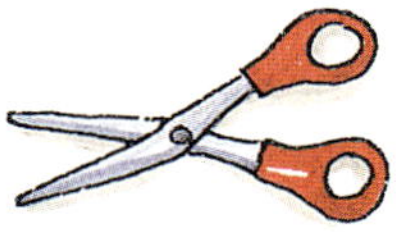

b A l'aide des cartes, faites et recopiez au moins (at least) quatre phrases différentes.

c Faites une phrase avec les 13 cartes.

5 Ecoute le dialogue et fais deux listes: **Pays visités** et **Pays non visités**.

Les nationalités

Learning objectives

Discussing penfriends and nationalities
More on the feminine of adjectives
The position of adjectives

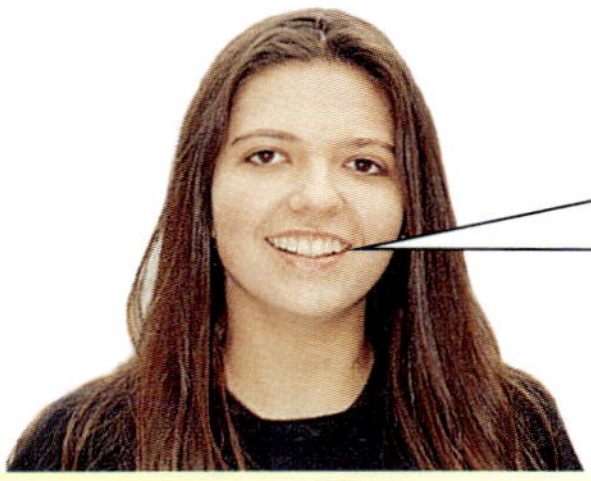

1 *a) Lis 1–6: tu comprends les adjectifs?*
b) Mes correspondants habitent où?
Devine → écoute la cassette.
c) Réécoute 1–6 et répète chaque phrase.

1. Mon correspondant **indien** habite à: a) Goa; b) Madras; c) Bombay.
2. Mon correspondant **canadien** habite à : a) Toronto; b) Montréal; c) Calgary.
3. Mon correspondant **italien** habite à: a) Milan; b) Venise; c) Turin.
4. Mon correspondant **américain** habite à: a) Atlanta; b) Miami; c) San Francisco.
5. Mon correspondant **allemand** habite à: a) Munich; b) Francfort; c) Bonn.
6. Mon correspondant **espagnol** habite à: a) Grenade; b) Barcelone; c) Alicante.

2 Tu connais bien la géographie? Trouve les villes.

1. Une ville indienne: C _ _ C _ _ _ A.
2. Une ville canadienne: V _ _ C _ _ V _ R.
3. Une ville italienne: F _ _ R _ _ _ E.
4. Une ville américaine: C _ _ C _ _ O.
5. Une ville allemande: B _ R _ _ N.
6. Une ville espagnole: M_ D _ _ D.

grammaire

Les adjectifs   Adjectives

Answer these questions with the help of activities **1–2**.

- In English, adjectives describing nationality begin with a capital letter. And in French, **?**.
- In English, when you use a noun and an adjective together, the adjective always comes first. And in French, **?**.

3 Ecoute **1–12**, regarde les dessins et répète l'adjectif exact.

Exemple Indien ou indienne? **Indienne!**

4 Lis et écoute le message vidéo. Objectif: identifier et noter les huit pays à l'aide des adjectifs de nationalité.

Exemple **La France, La . . .**

Bonjour! Je m'appelle Frank, je suis français, je suis chinois d'origine, et je cherche un correspondant britannique. J'ai un correspondant écossais, mais je voudrais aussi un correspondant anglais ou irlandais. Mon frère a un correspondant gallois. Et ma sœur? Elle cherche un correspondant chinois ou pakistanais.

5 **a** Ecoute les adjectifs de nationalité.

Tu comprends? Fais  ou .

b Ecoute **1–8** et visualise une image typique de chaque pays.

Exemple 1 J'ai un correspondant français. →

6 **a** Travaillez à deux (partenaires **A** et **B**), à tour de rôle.
A: choisis une nationalité en secret.
→ **B**: cherche la nationalité
→ **A**: réponds «oui» ou «non».
Attention: masculin/féminin.

J'ai un correspondant. Devine sa nationalité.

Il est français?

Oui!

7 A deux, à l'aide d'*AnneXe* p7, jouez aux contradictions (masculin/féminin).

Exemple

Tu cherches une correspondante galloise?

Non, je cherche un correspondant gallois.

8 Tu veux chanter? Regarde *RelaX!* p151 et écoute la cassette. Le titre: Ville cosmopolite.

reinforcement...recycling...extension...

Learning objectives

Pronunciation: *en*
Questions beginning with *Est-ce que . . . ?*
Making more complex sentences
Recycling known structures

1 Prononciation: *en*

Entraîne-toi (practise) à l'aide de la cassette.

Série A (en = an)	Série B (en: silence!)	Série C (en = in)	Série D (en = è)
entre	ils aim**ent**	indi**en**	indi**enne**
le c**en**tre	elles regard**ent**	itali**en**	itali**enne**
les par**ent**s	ils travaill**ent**	bi**en**	canadi**enne**
pati**ent**	elles jou**ent**	un chi**en**	anci**enne**

2 Questions beginning with *Est-ce que . . . ?*

a Lis les notes grammaticales dans *AnneXe* p59: est-ce que tu comprends bien?

b Ecoute les questions **1–6** → répète les questions avec «Est-ce que . . .?».
Exemple

c Continue avec les questions **7–12** sur cassette, mais sans (without) support visuel.

d Réponds le plus vite possible aux questions de ton professeur.

e Invente cinq à dix questions avec «Est-ce que . . . ?» par écrit.
Verbes utiles (useful):

> avoir (tu as . . .); être (tu es . . .); vouloir (tu veux . . ./tu voudrais . . .); préférer (tu préfères . . .); sortir (tu sors . . .); faire (tu fais . . .); aller (tu vas . . .); regarder; aimer; habiter . . .

f A l'aide des questions de la section **e**, ta classe va faire une chaîne orale: question → réponse → question → réponse . . .

3 Phrases complexes

Ecris quatre phrases d'au moins (at least) 12 mots à l'aide du support visuel.

Exemple

J'ai un correspondant français, mais je voudrais un correspondant amércain parce que je voudrais visiter New York.

Je n'ai pas de correspondants et . . .	. . . je cherche (correspondant + nationalité) . . .	. . . pour + infinitif . . . (raison)
OU	OU	OU
J'ai un correspondant (+ nationalité), mais . . .	. . . je voudrais (correspondant + nationalité)	. . . parce que . . . (+ raison)

4

a Avec ta classe, fais un maximum de phrases orales avec le mot «correspondant».

b Recommence par écrit.
Tu peux écrire combien de (how many) phrases en cinq minutes?

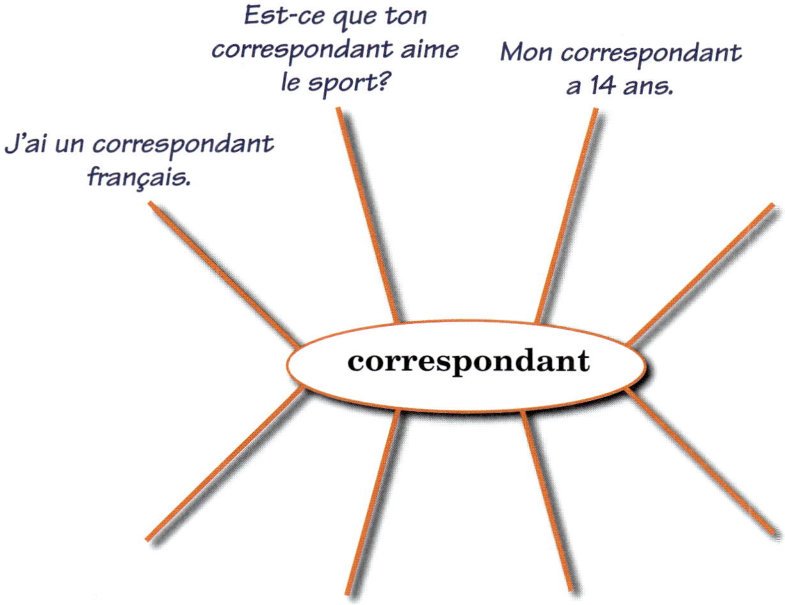

message X

- Activities of this nature help you remember a variety of different structures. Learning a language is not just about learning new words, but also about learning to use them in different ways.
- If you wanted to, you could do this activity all over again... using **correspondante** instead of **correspondant**! What else would need to change?

2 Making the most of new language

1 Prépare-toi à poser des questions orales sans notes, avec les mots **1–10**. Commence tes questions par «Est-ce que . . . ?»

Exemple

1 Est-ce que tu connais mon correspondant?

1 correspondant	**5** tu connais	**9** les glaces
2 France	**6** sud	**10** tu vas
3 irlandais	**7** industriel(le)	
4 visiter	**8** loin	

2 Complète le message avec les mots au choix.

assez cherche cherchent connais correspondante française France qui tourisme visiter

Salut!

J'habite en Martinique, très loin de la **-1-**! Je **-2-** les Etats-Unis, mais je voudrais aussi **-3-** la France. J'ai une correspondante américaine, mais je **-4-** un correspondant français qui habite à Paris ou dans le sud. Ma mère est **-5-**, mais mon père est canadien d'origine. Je voudrais aller en France pour faire du **-6-**, mais aussi pour faire du shopping, parce qu'en Martinique, il n'y a pas **-7-** de magasins.

Je sais, tu es la **-8-** de ma sœur. Mais dans ta classe, est-ce que tu as des copains ou des copines qui **-9-** des correspondants en Martinique? Regarde mes photos: c'est un département génial, tu sais. C'est super pour aller à la plage, mais aussi pour faire du tourisme. Ah, les fêtes! Est-ce que tu aimes les animaux? Moi, j'aime bien la nature, mais je n'aime pas beaucoup les iguanes. . .

Réponds-moi vite!

Eva

3 Réponds à la lettre d'Eva p26.
Ecris entre 30 et 70 mots, et varie le vocabulaire et les structures.

4 **a** Ecoute le dialogue **1** et lis **1–4**: vrai ou faux?

1 Francine a une correspondante irlandaise.
2 Sa correspondante s'appelle Lucy.
3 Francine connaît Belfast.
4 Elle voudrait voir la famille de sa correspondante.

b Ecoute le dialogue **2** et complète l'information **5–8** sur Cédric. Ecris **a** ou **b**.

5
a «Je connais les Etats-Unis.»
b «Je voudrais visiter les Etats-Unis.»

6
a «Je connais le Canada.»
b «Je voudrais voir le Canada.»

7
a «J'ai de la famille au Canada.»
b «Je suis canadien.»

8
a «J'ai un correspondant indien.»
b «Je voudrais un correspondant indien.»

5 Traduis (translate) **1–6** en anglais.

1 Monsieur, je connais la réponse!
2 Claire, je voudrais voir ton cahier.
3 Je cherche la plage: c'est loin?
4 Est-ce que tu connais le frère de Marc?
5 Je ne comprends pas ta chanson espagnole.
6 J'adore les glaces italiennes!

***message* X**

This activity trains you to recognise words you know when you come across them in different situations.

6 Fais un exposé: parle (speak) au moins une minute.

Le thème: les relations internationales (pays . . . , correspondants . . . , visites . . . , nationalités).

Préparation: regarde et écoute le modèle; prépare des notes de 25–30 mots maximum.

Correspondants
Moi: ✗
Corres. américain?
Sœur: corres. anglaise (Valery, 15 ans)
Sœur ♥ anglais/musique

Pays
~~Etats-Unis~~
Disneyworld? (loisirs)
New York? (tourisme; shopping)
Ecosse et pays de Galles: ✓
♥ Ecosse: joli

2

Quiz-géo

1. Où est le Pakistan? Dans l'hémisphère: **a)** nord; **b)** sud.
2. Où sont l'Inde, le Japon et la Chine? Dans l'hémisphère: **a)** sud; **b)** nord.
3. Quelle est la capitale de l'Italie? **a)** Venise; **b)** Florence; **c)** Rome.
4. Marco Polo était (**was**): **a)** italien; **b)** portugais; **c)** espagnol.
5. Christophe Colomb était d'origine: **a)** portugaise; **b)** espagnole; **c)** italienne.
6. Les tulipes sont d'origine: **a)** hollandaise; **b)** marocaine; **c)** turque.
7. Le mot «Canada» est d'origine: **a)** latine; **b)** indienne; **c)** asiatique.
8. Combien de Français ont un parent ou un grand-parent d'origine étrangère (**foreign**)? **a)** 5%; **b)** 10%; **c)** 25%.

Symboles français

Les trois couleurs de la France

Blanc = symbole royal.
Bleu et rouge = symboles de Paris.

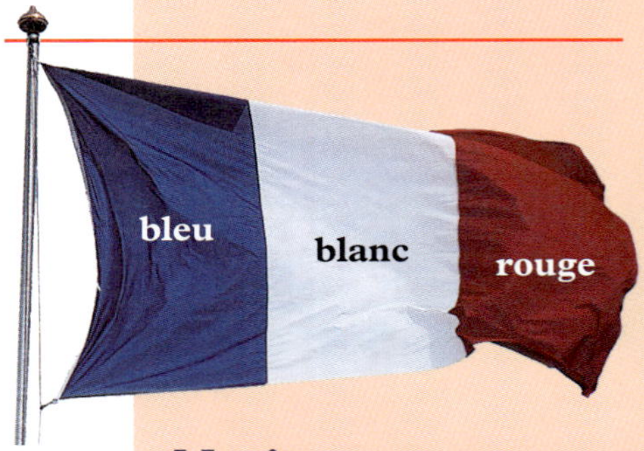

La Marseillaise

L'hymne national.
L'équivalent français de *God Save the Queen* ou *God Save the King*.
Ecrit en 1792.
Choisi comme hymne national en 1879.

Marianne

Statue symbole de la Révolution française.
Souvent dans les mairies*.

Le 14 juillet

Fête nationale.
Date anniversaire de la Révolution française de 1789.

Liberté, Egalité, Fraternité

Formule symbole de la Révolution française.
Souvent écrite sur les bâtiments* publics.

Glossaire
un bâtiment = a building
une mairie = a town hall

La Martinique

La Martinique est un département français d'outre-mer p14.

Histoire

1502 – Christophe Colomb découvre* la Martinique.
1635 – Les Français arrivent: la Martinique devient* une colonie française.
1946 – La Martinique devient un département français.

Géographie

Situation: dans la mer* des Caraïbes.
Distance de la France: 7 000 kilomètres.
Ville principale: Fort-de-France.
Climat tropical. Saison humide: juin–novembre (ouragans possibles).
Volcans dans le nord de l'île.

Population

Total: environ 360 000 habitants.
Langues* principales: le français et le créole.

Economie

Plantations: canne à sucre, fruits (bananes, ananas), café, cacao . . .
Exportations: sucre, rhum, bananes, ananas.
Tourisme en développement.

Glossaire
découvre = discovers
devient = becomes
la mer = the sea
une langue = a language

texto

Maisons et appartements

Learning objectives

Talking about where you live: house/flat and street
Saying what the neighbours are like
The plural of adjectives

1 Ecoute **1–8** et choisis le dessin exact: écris **A** ou **B**.

A

un appartement

B

une maison

2 Ecoute les adjectifs → dis «un appartement» ou «une maison».

message

Comment choisir? Ecoute bien . . .

- les adjectifs masculins (↔ un appartement)
- les adjectifs féminins (↔ une maison)
- les mots «il» (↔ appartement) et «elle» (↔ maison).

3 Traduis **1–8** à l'aide du texte.

Ma rue s'appelle la rue Royale. Dans les grandes villes françaises, on trouve souvent une rue Royale, une rue de la République ou une rue Jeanne d'Arc: c'est historique. Moi, j'habite 12, rue Royale. Je connais bien les voisins. J'ai une voisine, Mme Masclet, qui habite au numéro 19 et qui est serviable mais curieuse: c'est très désagréable. Au numéro 15, j'ai un voisin qui s'appelle M. Lombardo. Il n'est pas curieux et il est très réservé.

1 a street
2 a neighbour (*m*)
3 a neighbour (*f*)
4 the neighbours
5 helpful
6 nosy
7 unpleasant (*m* and *f*)
8 reserved

4 **a** Ecris au moins huit phrases à l'aide du support visuel.

Mon appartement Ma maison Mon voisin Ma voisine Ma rue	+	est n'est pas	+	assez très trop quelquefois souvent rarement	+	adjectif (masculin ou féminin).

b Lis tes phrases dans la classe. Objectif: trouver des phrases identiques.

5 Lis les deux bulles. Est-ce que tu préfères la rue de Smaïn ou la rue de Christelle?

grammaire

Les adjectifs au pluriel

Lis les notes sur les adjectifs au pluriel (*AnneXe* p48): tu comprends?

A toi!

a Relis les deux bulles et recopie les 11 adjectifs au pluriel.

b Recopie la phrase avec les adjectifs exacts.

Dans ma ville, les rues sont **propre/propres**, les maisons sont **anciens/anciennes**, les appartements sont **grands/grandes**, les chiens sont **amusants/amusantes**, les voisins sont **curieux/curieuses**, les voisines sont **serviable/serviables**, les magasins sont **intéressants/intéressantes**, les églises sont **jolis/jolies** et les voitures sont **bruyants/bruyantes**.

3 *C'est comment, chez toi?*

Learning objectives

Describing your house
Revision: the present tense

Pronunciation: *an – on*

1 **a** Cherche les mots **1–2** dans le paragraphe et choisis la traduction exacte.

Mon frère Guillaume travaille dans une cafétéria. Il habite en ville mais son appartement est très petit. Il a seulement trois pièces: un salon (il dort dans le salon), une cuisine qui est très petite et une salle de bains. Les toilettes sont dans la salle de bains. Ce n'est pas grand, mais c'est amusant.

1 une pièce = a piece/a room/ a floor

2 seulement = now/however/ only

b Ecoute les copains de Guillaume (**1–5**).
Ils ont combien de (how many) pièces? Ecris deux, trois ou quatre.

2 Relis le paragraphe sur Guillaume (activité **1**) → prépare cinq phrases sur le style vrai/faux/possible pour ta classe.

Exemple

La cuisine de Guillaume est très jolie.

Possible!

3 Tu connais la différence entre le son «on» et le son «an»? Entraîne-toi.

on
une maison
un salon
une console
un poisson
nous travaillons

an (<-> en)
une chambre
un appartement
le Pakistan
allemand
seulement

4 On chante? Le titre: **En haut, en bas.**

Je dors en haut, je mange en bas,
Tu dors en haut, tu manges en bas.
En haut, en bas, en haut en bas. . .
C'est fatigant, oui mais voilà!
J'aime bien en haut, mais pas en bas,
Bizarre, est-ce que tu sais pourquoi?
Pourquoi en haut, mais pas en bas?
Oh là, là, moi, je ne sais pas!
Une heure en haut, une heure en bas,
Tu vas en haut, tu vas en bas,
En haut, en bas, en haut en bas. . .
C'est fatigant, mais pourquoi pas!

5 Classe les descriptions **A–D** par ordre de préférence: tu voudrais habiter où?

A

C'est comment, chez moi? En bas, il y a seulement une cuisine, un salon-salle à manger et un bureau. En haut, nous avons trois chambres, la salle de bains et les toilettes.

message X

Devine la différence:

- un salon et une salle à manger;
- un salon-salle à manger.

B

C'est comment, chez moi? Dans mon appartement, nous avons la cuisine, la salle à manger, le salon, trois chambres, les toilettes et la salle de bains. Le salon est très petit.

C

C'est comment, chez moi? C'est un appartement où il y a trois chambres, un bureau, un salon qui est assez grand, une salle à manger, la cuisine, deux salles de bains et les toilettes.

D

C'est comment, chez moi? En bas, nous avons une cuisine-salle à manger, un salon, la chambre de mes parents et les toilettes. En haut, il y a seulement deux chambres (ma chambre et la chambre de ma demi-sœur) et la salle de bains. Il n'y a pas de bureau, mais le salon est assez grand pour travailler.

6 Fais les deux activités de la Feuille **1B**. Objectif: réviser les verbes au présent.

grammaire X

Est-ce que tu as des problèmes? Regarde *AnneXe* pp53–55.

3

Est-ce que tu aimes ta chambre?

Learning objectives

Saying what you think of your bedroom
Asking others about their bedrooms
The agreement of adjectives
Writing an informal letter

1 Ecoute les opinions **1–12**. Ecris **F** (= opinion favorable) ou **D** (= opinion défavorable).

2 **a** Recopie et complète la grille d'adjectifs à l'aide d'un dictionnaire.

	masculin	féminin
1	?	chaude
2	?	froide
3	?	claire
4	?	sombre
5	?	confortable

b Recopie les phrases **1–8** avec les adjectifs exacts.

1 Mon lit est trop **froid/froids/froide/froides**.
2 Les meubles sont assez **joli/jolis/jolie/jolies**.
3 Ma chambre est **bruyant/bruyants/bruyante/bruyantes**.
4 Les fenêtres sont trop **petit/petits/petite/petites**.
5 Les chambres sont **chaud/chauds/chaude/chaudes**.
6 L'appartement est très **clair/clairs/claire/claires**.
7 Je voudrais des étagères plus **grand/grands/grande/grandes**.
8 Je voudrais une chambre moins **sombre/sombres**.

message X

- Masculin ou féminin? Tu as oublié? Vérifie dans le dictionnaire.
- Note:
  des meubles
  = furniture
  un meuble (*m*)
  = a piece of furniture

3 Ecris des phrases synonymes de **1–6**. Attention aux adjectifs.

Exemple
1 Ma chambre n'est pas assez chaude.

1 Ma chambre est trop froide.
2 Ma chambre n'est pas assez claire.
3 Les meubles sont trop anciens.
4 Je voudrais une chambre moins sombre.
5 Il n'y a pas assez de fenêtres.
6 Je ne dors pas souvent bien.

4

7, rue du Château
45 200 Montargis

Dimanche, 5 novembre

Chère Sylvine, cher Kévin

Maintenant, j'habite à Montargis et j'aime assez ma maison.

En haut, il y a les trois chambres et le bureau de mes parents. Ma chambre n'est pas très grande, mais c'est génial parce que je ne partage pas avec ma sœur. Elle est assez sombre mais elle est jolie avec mes peluches et mes livres sur les étagères. En plus, elle est très confortable. J'adore mon lit . . . mais Cécilia a un lit plus grand! J'ai une table pour faire mes devoirs et je peux aussi travailler en bas dans le bureau, mais c'est moins confortable.

La rue du Château est un peu bruyante parce qu'il y a beaucoup de voitures et nous habitons devant le collège. Mais le matin, c'est idéal: deux minutes pour arriver au collège!

Je peux inviter mes copains et mes copines le mercredi et le samedi, mais je n'ai pas de platine laser dans ma chambre. Mon cadeau idéal pour Noël? Devine!

Grosses bises

Christelle

a Traduis **1–4** et complète **5** à l'aide de la lettre de Christelle.

1 Dear (*m et f*)
2 Dear (*f*)
3 Now
4 What's more

5 En anglais, on finit souvent une lettre par *Love*. En français, on finit souvent par **?** (= *Big kisses!*). Tu n'aimes pas ça? Tu peux finir par «Salut»!

b Ecoute → fais des phrases à l'aide de la lettre de Christelle.
Exemple

Sombre.

La chambre de Christelle est assez sombre.

3 reinforcement...recycling...extension...

Learning objectives

Revision: verbs in the present tense
Improving a basic model
The agreement of adjectives

1 Avoir et être

Complète les phrases avec «c'est», «il y a», «je suis» ou «j'ai».

1 Je ne partage pas ma chambre: **?** génial!
2 **?** fatigué parce que je regarde trop la télévision le soir.
3 **?** beaucoup de pièces chez moi. Et chez toi?
4 Allô? Oui, **?** chez moi . . . Non, je ne peux pas sortir.
5 Moi, **?** trop de livres dans ma chambre, mais pas assez d'étagères.
6 J'aime bien habiter en ville, mais **?** quelquefois bruyant.
7 Chez moi, **?** un salon mais pas de salle à manger.
8 Moi, **?** sale quand je travaille dans le jardin. Pas toi?

2 Les verbes au présent

a A deux, oralement, posez les questions (**1–10**) et donnez des réponses positives par phrases complètes.

Exemple *Oui, j'ai un bureau à la maison.*

b Recommencez, mais répondez sans (without) regardez les questions.

c Ecris les réponses.

message X

- Attention aux verbes:
  Tu . . . ? → Je/J'. . .   Vous . . . ? → Nous . . .
- Tu as des difficultés? Regarde *AnneXe* pp51-54.

1 Est-ce que tu as un bureau à la maison?
2 Est-ce que vous avez une salle à manger?
3 Est-ce que vous habitez dans un appartement?
4 Est-ce que tu es bricoleur/bricoleuse chez toi?
5 Est-ce que vous faites du sport dans le jardin?
6 Est-ce que vous êtes dans une maison ancienne?
7 Est-ce que vous sortez beaucoup le soir?
8 Est-ce que tu as un ordinateur dans ta chambre?
9 Est-ce que tu es patient(e) avec ton frère?
10 Est-ce que vous avez une platine laser?

3 Qualité

a Lis le travail écrit et écoute la cassette.
La version sur cassette est plus intéressante, non?

> Je n'aime pas ma chambre. Elle est petite. Elle est froide. Elle est sombre. La fenêtre est petite.
>
> J'ai beaucoup de livres. J'ai une étagère pour mes livres. Mon lit est confortable.
>
> J'ai une télé. Mon ordinateur est dans ma chambre.

b Entraîne-toi oralement.
Objectif: préparer une version orale supérieure à la version écrite, comme sur la cassette (as on the cassette).

message X

Fais des phrases plus longues, invente des détails et utilise (use):
- des adverbes (assez, trop, seulement, etc.)
- mais, parce que, en plus, etc.

4

grammaire X

Les accords Agreements

You have learnt a lot so far about words that agree with nouns in French. Read the summary in *AnneXe* p44 and ask your teacher if anything is unclear.

5 Les adjectifs en rap

Complète le rap de la feuille **3** avec des adjectifs à l'aide de la cassette. Attention! Masculin singulier? Masculin pluriel? Féminin singulier? Féminin pluriel?

Making the most of new language

1 **a** Entraîne-toi à bien prononcer les questions **1–6** à l'aide de la cassette.

1 Est-ce que tu habites dans un appartement ou dans une maison?
2 Est-ce que tu aimes ton appartement/ta maison? Pourquoi (pas)?
3 Est-ce qu'il y a beaucoup de pièces dans ton appartement/ta maison?
4 Comment est ta chambre?
5 Comment est ta rue?
6 Comment sont les voisins?

b Mémorise les questions à l'aide des notes.

1

2

3 Pièces: 5? 6? 7?

4 Chambre?

5 Rue?

6 Voisins?

c Entraînez-vous à répondre aux questions **1–8** à deux, oralement, sans notes et par phrases complètes.

message

- Tu peux donner des réponses longues ou non: écoute le modèle sur cassette (question 3).
- Entraîne-toi à répondre sans regarder les questions: écoute seulement.

2 Recopie ces extraits de la lettre de Christelle (p35) à la 3e personne du singulier:

J'habite . . . assez ma maison.
En haut . . . moins confortable.
Je peux inviter . . . Devine!

Exemple
Elle habite maintenant . . .

message

Change les verbes mais aussi, par exemple, «mes» → «ses».

3 Trouve les paires.
Exemple 1b

1 Ma chambre n'a pas assez d'étagères ou de placards.	**a** Je ne dors pas bien parce que ma chambre n'est pas assez chaude.
2 Ma chambre est assez sombre.	**b** Je voudrais plus de meubles dans ma chambre.
3 C'est nul parce que je partage ma chambre avec mon frère.	**c** Je voudrais changer avec le lit de mon frère.
4 Ma chambre est froide.	**d** Il y a seulement une fenêtre qui est très petite.
5 Il y a trop de meubles dans ma chambre.	**e** Dans ma chambre, par exemple, je peux regarder la télé ou écouter des CD avec mes copains.
6 Je ne dors pas bien parce que mon lit n'est pas confortable.	**f** J'ai deux lits et trois placards dans ma chambre: c'est beaucoup!
7 Ma chambre est géniale pour les loisirs.	**g** Je voudrais une chambre pour moi tout seul.

4 Ecris une lettre à un copain ou une copine (40–80 mots).

Le scénario: «Maintenant, j'habite . . . » (+ adresse réelle ou non):
– décris ton appartement/ta maison et ta chambre;
– décris ta rue et les voisins.

message **X**

- Pour bien commencer et finir ta lettre, regarde la lettre p35.
- Pour une lettre plus intéressante, donne des opinions.

de mieuX en mieuX!

Tu connais la France?

1. Où est Paris? **a)** Dans le nord; **b)** Dans le centre; **c)** Dans le sud de la France.
2. Où est le plus grand musée de la planète? **a)** A Paris; **b)** A Londres; **c)** A New York.
3. Il y a combien de rues à Paris? **a)** Environ 2 000; **b)** Environ 4 000; **c)** Environ 6 000.
4. Le Louvre est: **a)** un grand hôtel; **b)** un grand théâtre; **c)** une grande rue à Paris.
5. La Corse est: **a)** une région française; **b)** une île française; **c)** une ville française.
6. C'est une grande ville dans le sud-est de la France: M _ _ _ _ _ _ _e.
7. Quelle est la ville célèbre* pour le sport automobile? **a)** Le Mans; **b)** La Rochelle; **c)** Bordeaux.
8. Quelle est la ville célèbre pour son vin*? **a)** Le Mans; **b)** La Rochelle; **c)** Bordeaux.
9. La Manche = *the English Channel*: **a)** vrai; **b)** faux.

Glossaire
célèbre = famous
son vin = its wine

C'est vrai!

1 Le mot anglais *pavilion* . . .
2 La couleur des chats siamois varie . . .
3 Tu dors bien? Ça dépend de . . .
4 On dort plus facilement avec . . .
5 Le chat «parle»* . . .

Situation de conflit, attitude d'attaque.

a . . . la couleur de ta chambre.
b . . . est d'origine française.
c . . . avec la température.
d . . . avec sa queue*.
e . . . la tête* au nord.

Glossaire
parler = to speak
la queue = the tail
la tête = the head

Les maisons en France

Est-ce que les Français préfèrent les maisons ou les appartements? 56% des Français habitent dans une maison (80% au Royaume-Uni et 92% en Irlande).
Chaque année, 10% des Français et des Britanniques changent de maison (6% des Irlandais).
Les maisons anciennes ont quelquefois un style traditionnel très régional.
60% des maisons françaises ont un garage (42% au Royaume-Uni et 29% en Irlande).
Les maisons françaises ont souvent un sous-sol, par exemple un garage au sous-sol.
La majorité des maisons françaises ont des fenêtres avec des volets.
En général, les fenêtres ouvrent vers l'intérieur.
Il y a souvent une chambre (ou plus) en bas, par exemple la chambre des parents.
Les toilettes sont rarement dans la salle de bains.
En France, on mange plus souvent en famille, à table (rarement seul).
En général, la cuisine est assez grande et la famille mange dans la cuisine.
Les maisons françaises ont souvent un grand jardin, devant et derrière.

Une maison traditionnelle en Provence, dans le sud de la France.

La majorité des maisons françaises ont des fenêtres avec des volets.

texto

Ma routine

Learning objectives

Describing your daily routine | **Revision: telling the time**

1

a Révise l'heure avec ton professeur.

b Lis les trois phrases et devine: minuit = ?

> 22 heures, 23 heures, **minuit**!
> **Minuit**, dans les légendes, c'est l'heure du crime. . .
> Le 31 décembre, à **minuit**, on boit du champagne: c'est la tradition!

c Ecoute et dis «vrai» ou «faux». Corrige quand c'est faux.

Exemple 20 heures + deux heures égalent* minuit.

Faux! 22 heures!

Glossaire
égalent = equals

2 Ecoute Romain (**1–9**), regarde les photos et écris la lettre exacte (**A–I**).

A

B

C

D

E

F

G

H

I

3 Dans les phrases **A–I**, Romain décrit sa routine avec un vocabulaire différent de l'activité **2**.

a Ecoute les phrases et écris l'heure.

A Je prends le petit déjeuner à . . .	**F** Je déjeune au collège à . . .
B Je quitte la maison à . . .	**G** Je quitte le collège à . . .
C Je rencontre mes copains à . . .	**H** Je rentre chez moi à . . .
D Je prends l'autobus à . . .	**I** Je dîne le soir à . . .
E J'arrive au collège à . . .	

b Traduis **A–I** à l'aide des photos p42.

c Vérifie dans *AnneXe* p10.

d Ecoute ton professeur, trouve la phrase (**A–I**) et dis la phrase complète.

Exemple

Prof: *Je quitte . . .* Toi *Je quitte le collège à cinq heures moins le quart.*

4 Faites la feuille **1** à deux: imagine que tu es la personne sur les dessins.

a Pour chaque dessin, choisis et écris une heure (a time) en secret.

Exemple

7h00	

b Pose des questions à ton ou ta partenaire et écris ses réponses.

Exemple

A quelle heure est-ce que tu prends le petit déjeuner?

Je prends le petit déjeuner à 7h20. →

7h00	7h20.

c Vous avez fini? Répète les réponses de ton ou ta partenaire pour vérifier.

Exemple

Est-ce que tu prends le petit déjeuner à 7h20?

Oui, c'est exact.

5 Pour chaque phrase de l'activité **3a**, invente une phrase plus complète (. . . ou deux . . . ou trois . . .) oralement → par écrit. Varie le vocabulaire et les structures.

Exemples

a Le matin, je prends le petit déjeuner à 7h30.

b Le matin, à 7h30, j'écoute la radio quand je prends le petit déjeuner.

c Le matin, je prends le petit déjeuner à 7h30 dans la cuisine devant la télé.

Chez moi, le matin

Learning objectives

Talking about breakfast
Negatives: *ne . . . rien* **and** *ne . . . jamais*
The present tense of *manger* **and** *prendre*

1 **a** Lis et écoute les bulles → trouve les traductions à l'aide du contexte.

nothing = ne . . . ?
never = ?
always = ?

1
Le matin?
Je ne mange rien!
Je ne veux rien!
Je n'aime rien!
Berk, berk, berk!

2
Le matin?
Je ne mange jamais!
Je n'écoute jamais!
Je ne réponds jamais!
Oh, zut! Vite, l'autobus!

3
Le matin?
Je mange toujours.
Je prends toujours le petit déjeuner.
Et c'est toujours génial!
Merci, maman!

b Fais correspondre les bulles **1–3** avec les dessins **A–C**.

c Entraîne-toi à lire les bulles à haute voix . . . de manière très expressive!

2 **a** Ecris un maximum de réponses possibles avec ces mots:

Je mange ne pas rien jamais assez beaucoup trop souvent rarement quelquefois toujours

Est-ce que tu manges le matin à la maison?

Le matin? Je . . .

b Ecris ta réponse personnelle à la question de l'activité **2** → circule dans ta classe et pose la question.
Objectif: trouver au moins cinq réponses identiques.

3 a Cache les dialogues **A–C**, écoute-les (listen to them) et lis **1–7**: vrai ou faux?

Dialogue A
1 Eva ne mange pas beaucoup le matin.
2 Eva mange rarement le matin.

Dialogue B
3 Omar prend le petit déjeuner avec sa mère.
4 La mère d'Omar ne mange pas le matin.

Dialogue C
5 Julie prend le petit-déjeuner avec sa grand-mère.
6 Les parents de Julie ne mangent pas le matin.
7 Le frère de Julie ne mange pas souvent le matin.

b Lis les dialogues **A–C** pour vérifier tes réponses.

A

– Eva, à quelle heure est-ce que vous prenez le petit déjeuner chez toi?
– Ma sœur et moi, nous prenons toujours le petit déjeuner à 7h30, mais mes parents prennent le petit déjeuner à 7h.
– Et vous mangez beaucoup le matin?
– Non. Dans ma famille, nous ne mangeons pas beaucoup. Mais mes chiens mangent beaucoup le matin.

B

– Omar, à quelle heure est-ce que vous prenez le petit déjeuner chez toi?
– Mes frères et moi, nous prenons le petit déjeuner à 7h, mais ma mère ne prend pas le petit déjeuner. Elle n'aime pas manger le matin.
– Et . . . ton frère et toi, est-ce que vous mangez beaucoup le matin?
– Ah oui, nous mangeons beaucoup: nous adorons le petit déjeuner. Mais j'ai beaucoup de copains qui ne mangent rien le matin.

C

– Julie, à quelle heure est-ce que vous prenez le petit déjeuner chez toi?
– Je prends le petit déjeuner à 8h, ma grand-mère mange avec moi et mon frère prend rarement le petit déjeuner. Mes parents prennent le petit déjeuner dans une cafétéria parce qu'ils travaillent en ville et ils quittent la maison à 7h.

grammaire

Le présent: «manger» – «prendre»

- *Manger* is a regular *–er* verb except for *nous mangeons* (soft 'g' sound).
- You have come across *prendre* in full: learn it with your teacher + *AnneXe* p54.

4 a Et toi? Est-ce que tu manges le matin? A quelle heure? Et ta famille? Prépare une réponse écrite de deux ou trois phrases (ou plus!).

b Fais la feuille **2**.

Tu es fatiguée!

Learning objectives

Saying more about your daily routine
Introduction to reflexive verbs (present singular)

1 **a** Apprends **A–C** à l'aide de ton professeur.

b Imite l'exemple.

Prof: *A10.*

Toi *Je me lève à 10h.*

c Ecris trois phrases, une pour chaque dessin.
Exemple
Je me lève à 6h45.

Ecoute ton professeur. Tu as une phrase identique? Dis: *Moi aussi!*

2 Recopie la grille → écoute **1–7** et prends des notes.
Qui est le moins (the least) fatigué?

	«Je me lève . . .»	«Je me repose . . .»	«Je me couche . . .»
1	*7h*	*1h30–2h30*	*9h*

3 **a** Traduis **1–7** à l'aide du dialogue p47.

1 You go to bed
2 You get up
3 You have a rest
4 during the week
5 at the weekend
6 after
7 before

b Ecoute **1–9** et corrige les erreurs oralement, à l'aide du dialogue.
Exemple 1 La semaine, Pauline se couche à 10h.
Toi: *Non, à 11h!*

– Pauline! Tu es fatiguée!
– Moi? Euh . . .
– Est-ce que tu dors assez la nuit?
– La nuit? Bof, je ne sais pas . . .
– A quelle heure est-ce que tu te couches?
– Euh, la semaine, du lundi au vendredi, je me couche à 11h, plus ou moins.
– Et à quelle heure est-ce que tu te lèves?
– Euh . . . en général, je me lève à 6h.
– Mais qu'est-ce que tu fais quand tu te lèves?
– Bof, rien . . . Je regarde la télé, je sors avec mon chien . . .
– Et est-ce que tu prends le petit déjeuner?
– Euh . . . non. Le matin, je ne mange jamais.
– Et quand est-ce que tu te reposes?
– Euh . . . je me repose après mes devoirs, avant le dîner.
– Entre tes devoirs et le dîner. Et . . . est-ce que tu te reposes le weekend?
– Oui, le dimanche matin, je me lève à 11h ou midi.
– A quelle heure est-ce que tu te couches le samedi soir?
– Le samedi soir? Je me couche à minuit . . . ou plus!

4 **a** Qui donne un maximum de détails sur Pauline: Tom, José ou Lise?

Tom:

Pauline se couche à 11h la semaine et le week-end. La semaine, elle se lève à 6h, par exemple pour promener son chien, et elle se repose avant le dîner.

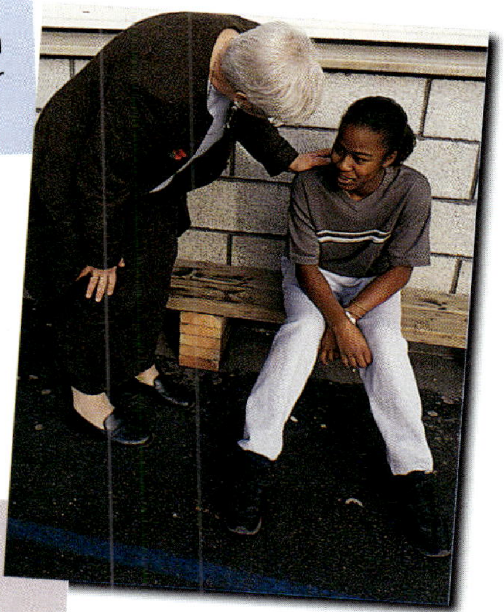

José:

Pauline se repose le week-end parce qu'elle se lève à 11h ou plus le dimanche matin, mais la semaine, elle se lève avant 6h. Elle ne mange pas souvent le matin et elle se couche à 11h ou plus.

Lise:

La semaine, Pauline se lève à 6h mais elle se repose après ses devoirs. Elle se couche à 11h ou plus mais elle se lève à 11h, ou après 11h le dimanche matin. Elle ne prend jamais le petit déjeuner.

b De mémoire, écris un maximum de détails sur Pauline → comparez à deux.

grammaire

Attention: Pauline/elle **se** lève – elle **se** repose – elle **se** couche
Pourquoi? Lis *AnneXe* p55: les verbes pronominaux (reflexive verbs).

4 reinforcement...recycling...extension...

Learning objectives

Instructions
Stocktake on verbs
Pronunciation: *-qu-*
Reflexive verbs (present singular)

1 Les instructions

Est-ce que tu comprends les instructions **1–7**?
Fais correspondre **1–7** avec **a–h** → recommence sans le support de l'anglais.

1 entraîne-toi
2 entraînez-vous
3 sans aide
4 par écrit
5 oralement
6 de mémoire
7 au moins

a orally
b at least
c in writing
d from memory
e practise (plural)
f without help
g practise (singular)

grammaire

2 Les verbes

- By now you should be able to use all these verbs in the present tense:
  - singulier et pluriel:
    les verbes réguliers en *-er*
    avoir, être, aller, faire, sortir, partir, manger, prendre
  - singulier:
    pouvoir, vouloir, se lever, se reposer, se coucher.

  Any problems? See *AnneXe* pp53–55.

- To leave = *quitter* or *sortir*?

  I leave (= I set off): je pars . . .
  Je pars à 8h15. *I leave/set off at 8.15.*

  I leave (+ a place): je quitte . . .
  Je quitte la maison à 8h15. *I leave home at 8.15.*

- Remember that different languages describe similar things or ideas in quite different ways. For example:

  a bed = un lit BUT to go to bed = se coucher
  J'ai = I have (J'ai un chat) BUT J'ai 13 ans = I am 13
  Je prends = I take (Je prends un livre) BUT Je prends l'autobus = I get/catch the bus
  Je prends le petit déjeuner = I have breakfast

- French words that look like English words often mean the same thing … but not always!

  quitter = to quit? WRONG! quitter = to leave
  rester = to rest? WRONG! rester = to stay

3 Prononciation: *-qu-*

En anglais, -qu- = le son «kw» (*a question*).
En français, -qu- = le son «k» (une question).

Entraîne-toi à l'aide de la cassette.

et quart	C'est qui?
je quitte	C'est quand?
parce que	C'est quel exercice?
quelquefois	C'est à quelle heure?
quatorze	Est-ce que tu es fatigué?
quinze	Qu'est-ce que tu fais?

grammaire

4 Se lever . . . se reposer . . . se coucher

Est-ce que tu comprends les notes sur les verbes pronominaux (reflexive verbs) dans *AnneXe* p55? Pour vérifier, complète **1–3** de mémoire.

1 In French, some verbs are called reflexive because **?**.
2 Before such verbs, you must use the word **?** in the infinitive, the word **?** with je, the word **?** with tu and the word **?** with il/elle/on.
3 The verb for 'to get up' is slightly irregular because **?**.

A toi!

a A deux, faites les mini-dialogues **1–4** à l'aide des instructions anglaises. Ecoutez le modèle sur cassette → entraînez-vous oralement → changez de rôle → faites les dialogues par écrit.

1 **A:** Ask B whether (s)he rests at weekends.
Est-ce que . . . ?
B: Say that you rest on Sunday mornings.
Oui, je . . .

2 **A:** Ask B at what time (s)he goes to bed.
A quelle heure . . . ?
B: Say that you go to bed between 9.00 and 10.00.
Je . . .

3 **A:** Ask B whether (s)he gets up before or after 7.00.
Est-ce que . . . ?
B: Give your own personal answer.
Je . . .

4 **A:** Ask B whether (s)he goes to bed before his/her father.
Est-ce que . . . ?
B: Say that you go to bed after your father and sister.
Non, je . . .

b A deux, en français, inventez deux autres (other) dialogues par écrit.

4 Making the most of new language

1 Chaque phrase est en trois sections: trouve les six phrases complètes.
Exemple ALP

A Manger le matin, c'est important . . .
B En général, je prends l'autobus . . .
C Le soir, mon père ne dîne pas . . .
D Je sais que je ne dors pas assez . . .
E Quand ma sœur veut sortir la nuit . . .
F J'ai une télé dans ma chambre, mais . . .

G . . . avec nous parce qu'il travaille . . .
H . . . je partage avec mon frère . . .
I . . . mais ce n'est pas un problème . . .
J . . . pour aller au collège . . .
K . . . et rentrer le matin vers 5h . . .
L . . . mais je prends rarement le petit déjeuner . . .

M . . . mais quelquefois je quitte la maison trop tard (late).
N . . . elle ne va pas au travail et elle se repose l'après-midi!
O . . . la nuit et il quitte la maison le soir entre 7h et 7h30.
P . . . parce que j'aime voir ma copine avant le collège.
Q . . . et il aime se coucher très tôt (early): c'est nul!
R . . . je me repose en classe, en maths ou en géo!

2 A deux ou plus, entraînez-vous à faire des questions oralement avec les expressions.
Exemple

Fais une question avec «le soir».

Euh . . . à quelle heure est-ce que tu dînes le soir?

Oui, ça va.

Est-ce que . . . Quand est-ce que . . . A quelle heure est-ce que . . . Avec qui est-ce que . . .	tu pars . . . tu quittes . . . tu arrives . . . tu prends . . . tu déjeunes . . . tu dînes . . . tu te lèves . . . tu te reposes . . . tu te couches . . . tu manges . . . tu dors bien . . .	le collège au collège la maison à la maison l'autobus le petit déjeuner quelquefois souvent toujours	avant après le matin à midi l'après-midi le soir la nuit	?

3 Prépare-toi pour une interview sur la routine.
Tu as deux objectifs:
– poser (ask) au moins cinq questions;
– répondre à des questions.

Préparation: regarde la carte-note et écoute le modèle sur cassette.

- se lever: heure?
- petit déjeuner?
- déjeuner: collège?
- rentrer maison: heure?
- dîner: quand?

message X

- For your questions, you are only allowed brief notes.
- You won't know in advance what questions you'll have to answer, so make sure you know Unit 4 well.

4 **a** Ecoute l'interview de Sébastien trois fois (three times), sans interruptions. Recopie le support visuel → prends des notes sur les réponses de Sébastien en français ou en anglais.

Exemple

Petit déjeuner – pas souvent.
Salle de bains – quitte s. de b. 7h30.
Autobus – 7h50.

Pétit déjeuner Salle de bains Autobus	Pétit déjeuner Voiture	Mange Matin Collège	Jeudi Sport

b Ecris un paragraphe sur Sébastien à l'aide de tes notes. Attention: écris à la 3e personne du singulier.

5 Ecris une lettre à un correspondant réel ou imaginaire, ou à une correspondante. Le thème: ta routine personnelle.

message X

Comment présenter une lettre: voir p35.

de mieuX en mieuX!

Quiz-historique

1. La guillotine est une invention: **a)** française; **b)** arabe; **c)** russe.
2. Victime de la guillotine: **a)** Louis XIV; **b)** Louis XV; **c)** Louis XVI.
3. Trouve l'intrus: **a)** Cléopâtre; **b)** Jeanne d'Arc; **c)** Napoléon; **d)** Charlemagne.
4. Cause du passage préhistoire → histoire: **a)** la lecture; **b)** l'écriture; **c)** l'imprimerie*.
5. A = Le Moyen Age* B = la Préhistoire C = l'Antiquité Ordre chronologique exact: **a)** ABC; **b)** BCA; **c)** CBA.
6. Révolution française. La Bastille = **a)** un château; **b)** une prison; **c)** un camp militaire.
7. Napoléon à Waterloo: **a)** une victoire française; **b)** une victoire anglaise.
8. Napoléon à Austerlitz et à Moscou: **a)** deux victoires; **b)** deux défaites; **c)** une victoire et une défaite.
9. Charles de Gaulle a été*: **a)** Président de la République; **b)** premier Ministre; **c)** général (deux réponses exactes).
10. Blériot (1872–1936) a été*: **a)** inventeur; **b)** aviateur; **c)** acteur.

Glossaire

l'imprimerie = printing
le Moyen-Age = the Middle Ages
a été = was

C'est vrai!

Dormir est important pour la mémoire.

Les vaches* dorment trois heures par jour*.

Un Français typique regarde l'heure 25 fois* par jour.

On change de position 30 fois par nuit.

L'heure de naissance* la plus fréquente est quatre heures du matin.

Une personne typique de 75 ans a dormi 25 ans, a regardé la télévision neuf ans et a travaillé huit ans.

Glossaire

une vache = a cow
par jour = per day
25 fois = 25 times
la naissance = the birth

Planète multimédia

A

«CD-ROM» ou «cédérom»? La version officielle est «cédérom», mais on écrit souvent «CD-ROM» ou «CD-Rom» dans les livres et dans les magazines.

B

Le multimédia offre trop d'information, et choisir est quelquefois difficile. Le résultat: on peut être devant son ordinateur une heure . . . ou plus pour faire un devoir simple.

C

Le multimédia est une ressource extraordinaire, mais Internet donne beaucoup d'information vraie . . . et fausse. Conséquence: il est important d'avoir une attitude critique.

D

Vous êtes professeur? Pour vous, Internet est un miracle! Par exemple, on peut trouver des documents intéressants, ou on peut contacter des collèges sur tous les continents et travailler sur des projets communs. Avec Internet, on peut aussi motiver des enfants qui ont des problèmes en classe. Et on peut aussi contacter un enfant absent par e-mail et donner du travail. Merci, Internet!

E

Créer un site Internet n'est pas très difficile, mais la technique est importante. Par exemple, il est quelquefois difficile de bien placer des photos avec un texte. Mais quand une classe travaille en groupe, c'est plus facile et c'est idéal pour la motivation et l'imagination.

F

Le multimédia est idéal pour jouer, mais aussi pour travailler et apprendre. Tu connais Kangy? C'est une série de cinq cédéroms avec 1 000 exercices de maths et de français! Avec Kangy, tu as des réponses immédiates, par exemple, le résultat d'une multiplication ou la conjugaison exacte d'un verbe.

Kangy indique tes erreurs mais refuse de donner la réponse. Tu fais une erreur? Tu peux recommencer ou tu peux changer d'activité parce que c'est trop difficile pour toi.

Je n'entends pas!

Learning objectives

Dealing with everyday classroom matters in French
Revision of verb forms with *on* and *nous* (eXpress)

1 **a** Ecoute et regarde la conversation → fais correspondre **1–8** avec **a–h** → écoute les réponses.

1 in neat	**5** in rough	**a** les instructions	**e** au propre
2 When is it for?	**6** tomorrow	**b** je n'entends pas	**f** maintenant
3 I can't see	**7** I can't hear	**c** je ne vois pas	**g** C'est pour quand?
4 the instructions	**8** now	**d** au brouillon	**h** demain

b A l'aide de la cassette, entraîne-toi . . . à bien prononcer les réponses;
. . . à lire le dialogue.

2 Complète les phrases **1–12** oralement avec les expressions de l'activité **1a**.

1 Madame, ___ sont difficiles!
2 Monsieur, ___ bien la cassette.
3 ___ mon cahier. Où est mon cahier?
4 ___ ? Pour jeudi? Mais c'est impossible!
5 Voilà! Et ___ , je peux commencer l'exercice 2!
6 Est-ce qu'on va jouer le dialogue aujourd'hui ou ___ ?
7 J'ai fini au brouillon. Est-ce que je peux recopier ___ ?
8 Jérôme, est-ce que tu peux changer de place? ___ le tableau.
9 Tu veux commencer les devoirs ___ ? Mais . . . et l'exercice 3?
10 Tu n'as pas de stylo? Ça va, ___ , tu peux écrire avec un crayon.
11 Comment? Madame, ___ les réponses parce que Fatima bavarde.
12 Je n'ai pas mon cahier de français. Est-ce que je peux travailler ___ ?

message

Practise several times until you are able to do this without looking at activity **1**.

3 Ecoutez les mini-dialogues **1–8**.
Est-ce que les réponses sont acceptables (✓) ou ridicules (✗)?

Exemple

1 – Mademoiselle Maréchal, je ne vois pas!
– Ah, c'est mercredi, aujourd'hui.

1 ✗

grammaire

By the way, did you notice? In French, you say 'I don't see' (*je ne vois pas*) and 'I don't hear' (*je n'entends pas*) instead of 'I can't see' and 'I can't hear'.

4 Inventez des phrases oralement avec les expressions de l'activité **1a**.

Exemple

Je ne vois pas.

Monsieur, s'il vous plaît! Je voudrais changer de place parce que je ne vois pas le tableau.

message

- The idea is to show you how many different things the new phrases enable you to tell or ask your teacher. You can use activity **2** for support, but you still have to make up your own sentences. Recycle as much vocabulary as you can. For help, see **feuille 1A**.

Tu as combien d'argent?

Learning objectives

Numbers up to 100
Coping with euros in French
The near future
Saying how much money you have
Saying what you are going to buy

1 Regarde et écoute l'introduction.

L'EURO

En décembre, c'est Noël. Et en janvier, quelquefois, on a beaucoup d'argent!

- Le 1er janvier 2002: introduction globale de l'euro en France.
- Entre le 1er janvier et le 17 février 2002: on peut utiliser le franc ou l'euro.
- Le 18 février 2002: on peut seulement utiliser l'euro. Au revoir, le franc!
- 1 euro = 100 eurocents.
- 18,50€ (dix-huit euros cinquante) = 18 euros + 50 eurocents.

La valeur (value) de l'euro en comparaison avec la livre (the pound) change avec l'économie. Demande la valeur de l'euro à ton professeur et complète la grille.

1€ = £ . . .	£1 = . . . €
5€ = £ . . .	£5 = . . . €
10€ = £ . . .	£10 = . . . €
20€ = £ . . .	£20 = . . . €

2 **a** Apprends les nombres 70–100 à l'aide de ton professeur.

b Ecoute **1–9** et choisis **a**, **b** ou **c**.

1	**a** 70	**b** 80	**c** 90	**4**	**a** 74	**b** 84	**c** 94	**7**	**a** 78	**b** 88	**c** 98
2	**a** 71	**b** 81	**c** 91	**5**	**a** 80	**b** 90	**c** 100	**8**	**a** 79	**b** 89	**c** 99
3	**a** 72	**b** 82	**c** 92	**6**	**a** 76	**b** 86	**c** 96	**9**	**a** 70	**b** 80	**c** 90

c Ecoute et note les nombres → trouve le total.

message

maths: plus = ?
moins = ?

3 Cédric interviewe ses copains (**1–8**). Ecris les réponses → trouve le résultat:
– le plus riche est le numéro . . .
– le moins riche est le numéro . . .

Exemple 1 – Stéphane, tu as combien d'argent?
– J'ai 45 euros.

1 45€

4 Jouez à deux avec la feuille **1B**: une feuille par personne.
En secret, choisis dix nombres «miracle» et souligne tes dix nombres.
Qui gagne? La première personne qui trouve les dix nombres miracle de son/sa partenaire. Comment jouer? Regarde:

Soixante-quatorze?

Soixante-quatorze . . . non! Quatre-vingts?

Quatre-vingts . . . miracle! Cent?

Cent . . .

5 **a** Regarde et écoute le dialogue → trouve les paires (**1–3** et **a–c**).

1 acheter
2 environ
3 à mon avis

a about (= plus ou moins)
b in my opinion
c to buy

Omar – Tu as combien d'argent?
Marie – J'ai 75€. Et toi?
Omar – Moi, j'ai 80€.
Marie – Qu'est-ce que tu vas acheter?
Omar – Je vais acheter un jeu vidéo.
Marie – Et moi, je vais acheter un lapin.
Omar – Ça fait combien, un lapin?
Marie – Oh, un lapin, ça fait environ 10€, non?
Omar – Mmm . . . à mon avis, ça fait au moins 20€.

b Réécoute le dialogue et répète → jouez le dialogue à deux.

c Continuez à travailler oralement à deux.
Objectif: jouer le dialogue de mémoire à l'aide des notes (feuille **2A**).

d Ecoute les dialogues **1–3** et complète la feuille **2A**.

e A deux, jouez les dialogues **1–3** oralement à l'aide de la feuille **2A**.

f Fais un dialogue au choix (**1–3**) par écrit.

grammaire

Le futur proche **The near future**

je vais = I go/I am going → je vais acheter = I am going to buy

Easy and . . . useful! More on this in *eXpo*.

5

Est-ce que vous pouvez m'aider?

Learning objectives

Dealing with more classroom matters in French
The plural of *pouvoir* and *vouloir* (present tense)
The polite use of *vous*

1 **a** Ecoute **a–i** → complète **1–8**.

1 pouvoir = *to* **?**
2 vouloir = *to* **?**
3 Ecris le verbe «pouvoir» au présent.
4 Ecris le verbe «vouloir» au présent.
5 répéter = **a** *to reply* **b** *to repeat*
6 m'aider = **a** *May Day* **b** *help me*
7 les autres = **a** *the others* **b** *once again*
8 encore une fois = **a** *the others* **b** *once again*

b Vérifie «pouvoir» et «vouloir» dans *AnneXe*, p54 → entraîne-toi à bien prononcer les deux verbes à l'aide de la cassette.

c Ecoute et trouve la bulle (**a–i**) → dis la lettre.

d Ecoute ton professeur, trouve la bulle et dis la bulle complète.

Exemple Prof: Nous voulons . . .

Toi: Nous voulons faire un poster: d'accord?

2

grammaire

Tu . . . Vous . . .

- To say 'you', the pupils on p58 say ***vous*** to their teacher, not ***tu***. Why? See *AnneXe* pp51–52.
- Getting ***tu*** and ***vous*** right is important. People may think you are rude if you use ***tu*** when you should be using ***vous***.
- Note: 'please' = ***s'il te plaît*** (friendly) or ***s'il vous plaît*** (polite or plural).

A toi!

a Ecoute Ibrahim (**1–12**): il parle à un copain (**C**) ou à son professeur (**P**)?

Exemple

1 Est-ce que tu as mon stylo? *1 C*

b Est-ce que tu sais utiliser les verbes avec «tu» et «vous» sans hésitation? Entraîne-toi avec ton professeur.

3 **a** Imagine que tu es un(e) des triplés, et imite l'exemple (voir dessin).

1 Faire un poster.	**5 Avoir** dix sur dix!
2 Pouvoir aller aux toilettes.	**6 Aimer** écrire des poèmes.
3 Aller en salle 71.	**7 Aller** écouter la cassette.
4 Vouloir finir la page 93.	**8 Avoir** beaucoup de devoirs.

b Imite l'exemple à l'aide de **1–8**: utilise les verbes avec «ils».

Exemple

Numéro 1?

Ils font un poster.

c Fais la feuille **2B**.

d Invente une conversation. Le thème: **En classe**.

reinforcement...recycling...extension...

Learning objectives

The near future
Pronunciation: ***-ill-***
Qu'est-ce que **and** *Est-ce que*
Verbs other than ***-er*** **(present tense)**
Looking up verbs in a dictionary

grammaire

1 Le futur proche The near future

The near future is really easy: *aller* (present tense) + infinitive.

Examples:

je vais dormir	I am going to eat
tu vas dormir	you are going to sleep
il/elle/on va boire	he/she/one is going to drink
nous allons chanter	we are going to sing
vous allez sortir	you are going to go out
ils/elles vont aller en ville	they are going to go to town

A toi!

Fais la feuille **3**.

2 Prononciation: *-ill-*

Ecoute et répète.

juillet
travailleur
travailler
au brouillon
la vanille
une feuille
une gerbille
une famille
une fille unique

Une feuille de brouillon.

Ma famille en juillet.

Guillaume aime les gerbilles.

Camille est fille unique.

Guillaume est travailleur.

Camille aime la vanille.

3 «Qu'est-ce que . . . ?» et «Est-ce que . . . ?»

Tu comprends la différence?

Qu'est-ce que . . . ? = What . . . ? ↔ Prononce: «kesk».

Est-ce que . . . ? ↔ yes/no questions ↔ Prononce: «esk».

Apprends le poème p154!

grammaire X

Les verbes au singulier (présent)

- You know the singular endings of *-er* verbs: *-e, -es, -e.*
  Example: *je regarde – tu regardes – il/elle/on regarde*
- Other verbs are harder to classify by their infinitives, but this may help:
  – So far, you have learnt many verbs ending in *-s* or *-x* with *je*:
  bois, vois, peux, veux, sors, dors, écris, lis, finis, dis, cours, pars, sais, fais.
  These verbs stay the same with *tu*, but end in *-t* with *il/elle/on.*
  Example: *je bois – tu bois – il/elle/on boit*
  Exceptions are: *j'entends, je comprends, je prends* and *je réponds*, which simply lose the *-s* with *il/elle/on.*
  Example: *je comprends – tu comprends – il/elle/on comprend*
  – Remember that verbs such as *être, avoir* and *aller* don't follow a pattern at all.

A toi!

Travaille sur les verbes de *grammaire X*.

Exemple boire (to drink): je bois – tu bois – il boit

message X

How to spot a verb in a dictionary . . .
Look for any of these:

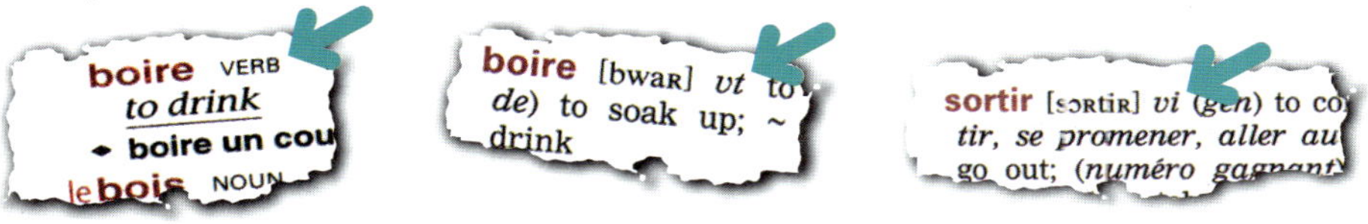

eXpo

Making the most of new language

Chez Virginie

Virginie – Papa, est-ce que tu peux m'aider?
M. Castel – Je ne sais pas. Qu'est-ce qu'il y a?
Virginie – C'est mon vélo . . .
M. Castel – Mais . . . pas maintenant, Virginie. Je sors avec ta mère ce matin.
Virginie – Vous sortez? Vous allez où?
M. Castel – Nous allons à Brico-Centre.
Virginie – Ah! Pour ma chambre! Tu vas faire des étagères? Génial!
M. Castel – Non, nous voulons acheter un ou deux cadeaux pour ta grand-mère.
Virginie – Oh . . . Ah, oui, c'est pour son anniversaire . . . Mais j'ai oublié: c'est quand?
M. Castel – C'est dimanche. Elle va avoir 70 ans, tu sais.
Virginie – C'est beaucoup, 70 ans! Et qu'est-ce que vous voulez acheter?
M. Castel – Oh, des cadeaux pour sa cuisine ou pour son jardin . . .

1 **a** Lis le dialogue et **1–8** → écris «vrai» ou «faux».

1 Virginie a un vélo.
2 Aujourd'hui, elle va faire du vélo avec son père.
3 Son père va réparer le vélo ce matin.
4 M. et Mme Castel vont à Brico-Centre.
5 Virginie va avoir des étagères pour sa chambre.
6 M. Castel va bricoler.
7 Les parents de Virginie vont acheter des cadeaux.
8 Aujourd'hui, c'est l'anniversaire de la grand-mère de Virginie.

b A deux, entraînez-vous à bien lire les deux rôles à haute voix.

c Recopie et complète le paragraphe.

Virginie ne ___ pas sortir en ___ ce ___ , et M. Castel ne peut pas ___ sa fille. Elle ___ des étagères pour ___ chambre, mais ses parents ___ pour ___ des cadeaux. Virginie n'est ___ très d'accord, et en plus, elle ne connaît pas la ___ d'anniversaire de sa grand-mère.

aider chercher date matin pas peut
peux sa sort sortent vélo voudrait

2 Ecoute le reste du dialogue p62 et réponds à **1–8** en anglais. Il n'est pas nécessaire de faire des phrases complètes.

message X

Read the questions well before you listen. That way, you are more likely to spot the answers once you hear them. For example, in case you have forgotten, check the French for 'Easter'.

1 Where are Virginie's parents going this afternoon?
2 What will they be doing at Easter?
3 With whom?
4 What does Virginie's father offer to do for her this evening?
5 What does Virginie decide to do this morning?
6 How much money does she have?
7 How much does she want to spend?
8 Why won't Virginie's brother and sister buy a present with her?

3 Invente une fin (ending) différente pour le dialogue p62. Ecris entre six et 15 lignes.

4 Imagine que c'est ton professeur sur la photo. Il répond à des questions. Regarde les bulles et invente les questions oralement.

Objectif: parler (to speak) sans notes, avec un minimum d'hésitation.

Exemple 1

Est-ce que je peux travailler avec Tony?

Quiz-géo

1. L'euro a des pièces* de 1, 2, 5, 10, 20 et 50 eurocents, et des pièces de 1 et 2 euros: vrai / faux.
2. Les loteries sont une invention: **a)** assez récente; **b)** romaine; **c)** préhistorique.
3. Le billet de banque* est une invention: **a)** arabe; **b)** chinoise; **c)** anglaise.
4. Quelle est la date d'origine du franc? **a)** 1360 **b)** 1560 **c)** 1760
5. Le chiffre romain V représente quel nombre? **a)** 5 **b)** 10 **c)** 50
6. Le chiffre romain C représente quel nombre? **a)** 10 **b)** 50 **c)** 100
7. Quel est le double de quarante-sept? **a)** quatre-vingt-quatre **b)** quatre-vingt-quatorze **c)** quatre-vingt-dix-sept
8. En maths, tu as neuf, quatre et cinq: quelle est ta moyenne*? **a)** 18 **b)** 9 **c)** 6
9. Quel est le total des angles d'un triangle? **a)** 90° **b)** 180° **c)** 360°
10. L'euro a des billets de 5, 10, 20, 50, 100 et 200 euros: vrai/faux.

Glossaire

une pièce = a coin
un billet (de banque) = a banknote
ta moyenne = your average (mark)

INVESTISSEURS JUNIORS

Est-ce que tu as de l'argent de poche? Tu peux investir!

Marie-Laure, 15 ans, aime bien acheter des vêtements ou des CD, mais elle aime aussi économiser. Dans une banque? Non. Elle préfère son club d'investissement.

Eh oui! Est-ce que tu es jeune? Pas de problème! Toi aussi, tu peux être membre d'un club d'investissement. L'avantage: les intérêts. Ça varie avec la situation de l'économie nationale ou internationale, mais c'est avantageux.

En France, il y a plus de cent clubs d'investissement juniors avec entre cinq et vingt membres par club. Et ça change vite! Est-ce que tu veux être membre? Trois conditions:

- la permission de tes parents
- pas de problèmes avec la police
- un investissement de 50 francs (7,5€) minimum chaque mois.

Chaque club organise un rendez-vous chaque mois et décide comment investir son argent. Des actions Peugeot? Des actions France Télécom? . . . Les décisions sont collectives.

Mais attention: il y a une taxe de 26% sur les intérêts!

La Guyane française

Tu n'as pas oublié? La Guyane française est un département d'outre-mer (p16). Elle est en Amérique du Sud, au nord du Brésil.

La Guyane française est un grand département, mais elle a seulement 73 000 habitants. La ville principale est Cayenne, une ville de 30 000 habitants. En Guyane, on parle français mais aussi des langues indiennes.

Le climat est équatorial. La majorité de la Guyane française est une forêt avec, pour habitants, des Indiens semi-nomades.

Les principales cultures sont la canne à sucre, les bananes, le maïs et le tabac.

BD

Où est le grand magasin?

Learning objectives

Asking and explaining where places are in town
Using *le/la/l'*, *un/une* and *au/à la/à l'* accurately

1 **a** Regarde les photos, écoute **1–8** et écris les lettres.
Exemple 1 Je vais acheter du parfum et un sac de sport.
1 F, B

A

B

C

D

E

F

G

H

b Entraînez-vous à deux. Choisis deux dessins en secret (écris les lettres): est-ce que ton/ta partenaire peut deviner?
Exemple

Est-ce que tu vas acheter du parfum et une bande dessinée?

Non . . . et oui.

Est-ce que tu vas acheter une bande dessinée et . . . ?

2 Ecoute le dialogue entre Ludovic et sa mère et prends des notes.
Objectif: recopier et compléter le résumé à l'aide de tes notes.

Ludovic cherche un **?** pour **?** dimanche: elle va avoir **?**.

C'est difficile parce qu'elle n'aime pas le **?** et elle a beaucoup de **?**.

Elle est très **?** et il y a des **?** pour **?**€ en ville, mais Sabrina a **?**.

Ludovic voudrait acheter **?**, mais il n'a pas assez d'**?**.

3 **a** Recopie les noms en deux colonnes, de mémoire ou à l'aide d'un dictionnaire: **noms masculins** et **noms féminins**.

librairie cinéma café église parc maison de la presse
club des jeunes piscine centre sportif bibliothèque
grand magasin collège poste cafétéria centre commercial
centre-ville magasin de sport pharmacie bowling

b Imitez l'exemple à deux.

Piscine.

Il y a une piscine . . . Je cherche la piscine . . . Je vais à la piscine. A toi! Collège.

Il y a un collège . . . Je cherche le collège . . . Je vais au collège.

grammaire

Les noms

Rappel (reminder)

	a/an	the	to the
Masculin	un	le/l'	au
Féminin	une	la/l'	à la

4 Ecoute Hamed (**1–10**): qu'est-ce qu'il cherche? Travaille à l'aide d'*AnneXe* p14.

Exemple

1 Je veux prendre un coca et une glace.

1 un café

message

A few words you haven't learnt are used in **1–10**, but they sound fairly similar to English: useful training!

5 Révision:
avant – après – devant – entre

a Regarde le dessin et écoute **1–8**: vrai ou faux?

Exemple

1 La librairie est devant l'église.

1 faux

b A toi: écris cinq à dix phrases vrai/faux pour ton/ta partenaire.

6 Je dois aller au marché

Learning objectives

Inviting someone
Saying what you must do
Present tense singular of *venir* and *devoir*
Rephrasing a sentence in different ways

1 **a** Lis les bulles et réponds à **1–2**.

Tu viens au marché avec moi?

Non, je dois aller à la boucherie.

1 Tu viens . . . ? = **a** Are you going . . . ? **b** Are you coming . . . ? **c** Are you staying . . . ?

2 Je dois = **a** I prefer **b** I want **c** I must

b A deux, faites les mini-dialogues **1–8** oralement à l'aide des bulles de l'exercice **1a** et des photos **A–D**. Attention: «au» (masculin) ou «à la» (féminin)?

1 AC **2** AD **3** BD **4** BC **5** DA **6** DB **7** CB **8** CA

A

B

C

D

2 Recopie **1–6** et complète chaque mini-dialogue avec une excuse différente («Je dois . . .»).

Exemple 1 – Tu viens à la cantine avec moi?
– Non, je dois voir le prof de maths.

1 Tu viens à la cantine avec moi?
2 Tu viens au marché cet après-midi?
3 Tu viens chez Christelle avec nous?
4 Tu viens aider le prof en salle 71?
5 Tu viens au supermarché après le collège?
6 Tu viens jouer au football samedi?

3 **a** Recopie et complète **1–2** à l'aide du dialogue.

1 venir (to come)	**2 devoir** (must; to have to)
je **?**	je dois
tu viens	tu **?**
il/elle/on **?**	il/elle/on **?**

Ludovic – Sonia, tu viens au marché avec moi?
Sonia – Au marché? Pourquoi?
Ludovic – Je cherche un cadeau pour l'anniversaire de Sabrina.
Sonia – Ah . . . D'abord, je dois aller à la boucherie . . .
Ludovic – Tu dois aller à la boucherie?
Sonia – Oui, et après, je dois aller à la poste.
Ludovic – Est-ce que Maxime vient avec toi?
Sonia – Non, il doit finir ses devoirs.
Ludovic – Et après la poste, tu peux venir au marché avec moi?
Sonia – D'abord, tu viens à la boucherie et à la poste avec moi. D'accord?
Ludovic – C'est loin?
Sonia – Mais non! Tu sais bien: c'est devant la librairie.
Ludovic – D'accord, je viens avec toi. Mais vite! Je dois rentrer à 11h.

b Relis et écoute le dialogue → trouve la conclusion exacte (**A–E**).

A D'abord, Ludovic et Sonia vont aller au marché. Après, ils vont aller à la boucherie et à la poste.

B Ludovic va aller au marché seul et Sonia va faire son shopping avec Maxime.

C Sonia va faire son shopping seule et Ludovic va aller au marché seul.

D D'abord, Ludovic et Sonia vont aller à la boucherie et à la poste. Après, ils vont aller au marché.

E D'abord, Ludovic et Sonia vont aller à la boucherie et à la poste avec Maxime. Après, ils vont aller au marché.

message X

- d'abord, . . . = first, . . .
- après = after or afterwards

c A deux, entraînez-vous à lire le dialogue à haute voix.

d Le dialogue sur cassette a des différences: la conclusion est **A** ou **C**?

e Réécris maintenant le dialogue avec la conclusion de ton choix.

grammaire X

venir – devoir

- Prononciation: viens, vient ↔ bien, chien, rien.
- Attention: devoir + infinitif.
- Extra: voir *eXpo*.

6 *Droite, gauche, droite, gauche!*

Learning objectives

Asking for and giving directions | **Telling someone what to do**

1 Lis **1–10**: est-ce qu'ils cherchent le marché? Ecris «oui» ou «non».

1 «Est-ce que tu vas souvent au marché?»
2 «Je voudrais aller au marché: c'est où?»
3 «Est-ce que je peux aller au marché?»
4 «Est-ce que tu dois aller au marché?»
5 «Je cherche le marché: vous pouvez m'aider?»
6 «Je ne trouve pas le marché. C'est dans quelle rue?»
7 «Tu restes à la maison ou tu viens au marché avec moi?»
8 «Où est le marché, s'il vous plaît?»
9 «Je dois aller au marché, mais je ne connais pas la ville.»
10 «Pourquoi est-ce que tu préfères aller au marché?»

message X

This highlights different ways of asking for help when looking for a place in town. You have already learnt all of them!

2 **a** Ludovic est en ville. Ecoute **1–8** et complète le plan (feuille **2**).

b Apprends à prononcer les rues → mémorise le plan au maximum (deux minutes) → jouez à deux: répondez de mémoire.

Exemple

Qu'est-ce qu'il y a dans la rue Solférino?

Il y a un parc?

Oui. Un point.

message X

- Section **a** [cassette]: pardon = **?**
- Section **b**: you only need to mention one place name each time.

3 **a** Ecoute **1–10** et montre le dessin exact.

Tourne à gauche. | **Va tout droit.** | **Tourne à droite.**

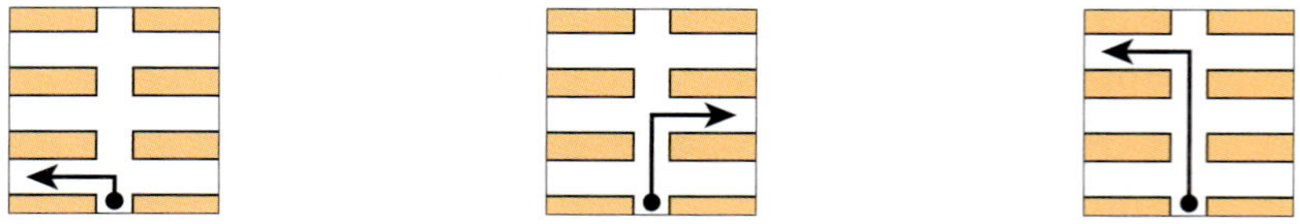

Prends la première rue à gauche. | **Prends la deuxième rue à droite.** | **Prends la troisième rue à gauche.**

b Entraîne-toi à bien prononcer les phrases avec ton professeur.

c Ferme ton livre, écoute la cassette (**1–12**) et fais les dessins.

4 Regarde le plan de la feuille **2** et écoute **1–6**.
Tu arrives où?

5 Apprendre les directions, c'est plus facile avec une chanson.

Viens en ville

Viens en ville, c'est facile, ce n'est pas difficile,
Voilà le centre-ville, et je sais où aller.
Tourne à droite, tourne à gauche, et voilà, va tout droit,
Tu arrives au café: c'est facile à trouver.
Si tu veux bien manger, va dans un grand supermarché,
Si tu es riche, regarde le grand magasin juste après,
Si tu cherches un cadeau, regarde dans la librairie,
Si ça ne va pas bien, demande où est la pharmacie.
Dans ma ville, c'est facile, ce n'est pas difficile,
Voilà le centre-ville, et je sais où aller.
La première rue à gauche, la deuxième rue à droite,
Et voilà le café: c'est facile à trouver.
Si tu veux bien manger, regarde en face, c'est le marché,
Si tu veux bien danser, le club des jeunes est juste après,
Si tu veux un croissant, va vite à la boulangerie,
Et si tu veux un steak, d'accord, va à la boucherie.
Viens en ville, c'est facile, ce n'est pas difficile,
Voilà le centre-ville, et je sais où aller.
Tourne à droite, tourne à gauche, et voilà, va tout droit,
Tu arrives au café: c'est facile à trouver.

6 Imagine: tu rencontres un copain (ou une copine) en ville, mais il (ou elle) ne connaît pas bien la ville. Invente un dialogue.

6 reinforcement...recycling...extension...

Learning objectives

False friends
The imperative (singular)
Pronunciation: *-ch-*
The present tense of *venir* **and** *devoir*

1 Les faux amis (false friends)

message X

un supermarché = a supermarket? Oui.
une librairie = a library? Non! C'est un faux ami.

Tu connais beaucoup de faux amis:

sympathique . . . joli . . . un chat . . . une pièce . . . grand . . . quitter . . . rester . . .
comment . . . un crayon . . . la lecture . . . sale . . . loin . . . un placard . . . faire les courses

Chaque phrase (**1–10**) a un faux ami.
Devine les traductions → vérifie dans un dictionnaire.
Exemple 1 ***une veste = a jacket***

the post · wrestling · novels · a chest of drawers · a newspaper · a jacket · knickers/underpants · any change · the corner · arms

1. Mon cadeau idéal, c'est **une veste**.
2. J'ai 50€. Est-ce que tu as **de la monnaie**?
3. Regarde! Elle a un petit poney dans ses **bras**!
4. Ce soir, il y a un match de **catch** à la télévision.
5. Ton chat? Il est dans **le coin**, derrière le placard.
6. Je n'aime pas les poèmes: je préfère **les romans**.
7. Chez moi, le matin, **le courrier** arrive entre 7h et 8h.
8. Je lis **un journal** national, mais je préfère le journal régional.
9. Oh, zut! Maman! Mes **slips** sont sales! Je n'ai pas de slip propre!
10. J'ai un placard, mais je voudrais aussi **une commode** pour ma chambre.

2 Prononciation: *-ch-*

Entraîne-toi à l'aide de la cassette.

1. Mon chat se couche dans le lit de gauche.
2. Charly chante une chanson dans sa chambre.
3. On n'achète pas de milk-shakes à la boucherie.
4. Les peluches de Chantal sont chez son copain chinois.
5. Mon chat cherche mon chien parce que mon chien cache sa peluche.

3 Venir . . . devoir

a Regarde et écoute le dialogue → réponds aux questions de ton professeur.

C'est samedi matin. En France, on va souvent au collège le samedi matin.

Virginie – Charly, Yasmina, vous venez chez moi à midi?
Charly – Euh . . . non, nous devons rester au collège.
Virginie – Vous devez rester au collège? Pourquoi?
Charly – Nous devons finir les posters pour le week-end sportif.
Virginie – Est-ce que nous pouvons rester avec vous, Laurent et moi?
Charly – Oui, si vous voulez. C'est sympa!
Virginie – D'accord, nous venons avec vous!
Charly – Et tes frères? Ils doivent rentrer ou ils peuvent rester avec nous?
Virginie – Tu sais . . . ils viennent rarement au collège le samedi . . .

b Ecris le pluriel des verbes «venir» et «devoir» à l'aide du dialogue:
nous . . . vous . . . ils/elles . . .

c Vérifie les deux verbes dans *AnneXe* p54.

d Relis le dialogue une ou deux fois → fais la feuille **3** (activité **1**).

4 grammaire

L'impératif The imperative (*tu* form)

- The sentences below are all telling someone what to do. You have come across them (and many more like them!) before.

Viens avec moi.
Va tout droit.
Tourne à gauche.
Prends la première rue à droite.
Regarde les photos.
Ecoute le dialogue.
Recopie les noms.
Ferme ton livre.
Travaille seul.
Ecris les lettres.
Choisis deux dessins.
Lis les bulles.
Apprends le poème.
Fais des phrases.

- The verb form used in those sentences is the imperative singular. Read the explanations on the imperative singular in *AnneXe* p55.

A toi!

Fais la feuille **3** (activité **2**).

Making the most of new language

1 Découpe les phrases de la feuille **4** et trouve l'ordre logique du dialogue.

2 **a** Vérifie que tu comprends les verbes **A–G** → écoute les questions **1–10**: tu comprends quel verbe?

Exemple 1 Ce soir, je dois rentrer à quelle heure? *1 B*

A aller	**C** faire	**E** pouvoir	**G** prendre
B devoir	**D** venir	**F** vouloir	

b Ecoute les questions **1–8** et invente des réponses par écrit. Utilise les verbes **A–G** dans tes réponses.

Exemple 1 Je dois rentrer à quelle heure?
1 Tu dois rentrer à 7h.

message

- The verbs in the answers don't have to be the same as in the questions as long as your answers make sense.

Is this difficult? Then revise the seven verbs using *AnneXe* pp53–54. They are irregular but very useful, so you must be able to use them and recognise them.

By the way, did you notice? Most irregular verbs end in *-ons* with *nous*, in *-ez* with *vous* and in *-ent* with *ils/elles*, just like *-er* verbs. The exceptions are *avoir*, *être* and *aller*, . . . which have a mind of their own.

3 Recopie le dialogue de la feuille **4** (activité **1**), mais change des détails.

Exemple

– Tu viens à la piscine avec Simon et moi?
– Désolé, mais . . .

4 Regarde l'exemple de l'activité **2b**. Voilà une réponse plus complète:

– Tu dois rentrer à 7h parce que tes grands-parents vont arriver à 6h30 pour dîner avec nous. Tu sais, c'est l'anniversaire de ta grand-mère aujourd'hui. Je vais acheter un cadeau cet après-midi en ville.

A toi! Lis la question et invente une réponse d'au moins 20 mots.

– Tu veux sortir avec moi ce soir?

5 Compare le dialogue sur cassette avec le message → note les six différences.
Exemple **Stéphanie / Virginie**

Gaëlle,

Est-ce que tu peux aider Stéphanie? Elle doit aller à la librairie dans la rue de Paris samedi après-midi après le collège, mais elle n'aime pas prendre l'autobus sans moi parce que Ludovic aussi va souvent en ville en autobus et elle n'aime pas ses copains. Moi, je ne peux pas samedi parce que mes parents travaillent ce week-end et je dois rentrer avant 2h pour rester à la maison avec ma petite sœur.

Réponds-moi, mais attention au prof!

Yasmina

6 A deux, entraînez-vous à jouer les rôles **A** et **B** oralement, sans notes.

message X

The dialogue from *feuille* **4** may help you.

A	B
1 Ask B to come to the market with you.	**1** Say that you can't this morning.
2 Ask why not.	**2** Say that you must go to the department store.
3 Ask B whether (s)he wants to buy clothes.	**3** Say that no, you want to buy presents for a friend.
4 Ask whether Jérémy is coming with B.	**4** Say that no, Jérémy wants to go to the bookshop.
5 Ask where the bookshop is.	**5** Say that it is after the chemist's.
6 Tell B that you are looking for a chemist's. Ask where it is.	**6** Tell A to go straight on and take the first street on the right. It's on the left.

Villes calmes

Chaque année*, la France organise une journée* «Villes sans voitures». Objectif: encourager les habitants à circuler à pied, en vélo . . . ou en scooter électrique.

De 7h à 21h, on ne peut pas circuler en voiture dans le centre des villes participantes. Résultat: moins de pollution de l'air, des villes moins bruyantes et une atmosphère plus relax. Cahors, une ville dans le sud-ouest de la France, offre 200 vélos à la disposition des habitants. Il y a aussi des villes qui organisent des activités en relation avec les transports, par exemple des circuits de visites à pied ou des compétitions en rollers.

Une journée, ce n'est pas beaucoup, mais ça peut encourager les habitants à voyager à pied ou en vélo plus souvent. Et les habitants sont très satisfaits. A Rouen, par exemple, 69% d'adultes et 89% d'enfants sont satisfaits de l'initiative «Villes calmes».

Glossaire

chaque année = each year
une journée = a day (⟷ un jour)

Flash[1]

- En France, 70% de personnes vont au travail en voiture.
- Chaque jour, les Français et les Britanniques passent plus de neuf heures au travail et dans les transports, les Américains plus de dix heures et les Japonais 12 heures.

Flash²

L'association des ***Paralysés de France*** organise une campagne publicitaire. Objectif: automobilistes, n'utilisez pas les places de parking réservées aux handicapés.

Paris l'hiver

L'hiver*, à Paris, 350 volontaires aident les sans-abri*. Ces volontaires s'appellent des «Samaritains» et travaillent pour une organisation, le «Samu social de Paris». L'origine des Samaritains est très variée. Ce soir, à 21h, dans un centre pour les sans-abri, il y a un présentateur télé, un policier, un pharmacien et une mère de famille.
L'aide aussi est variée, et les volontaires aident dans la rue et dans les centres. Ils écoutent, ils parlent, ils donnent à manger, ils recommandent un centre, ils offrent une aide médicale, mais ils n'insistent pas. Le plus important est le contact humain.

Glossaire

l'hiver = in winter
les sans-abri = the homeless

BD & Poème

– Tu viens avec moi?
– Moi? Je dois rentrer!
– Tu vas où? Chez toi?
– Je vais me coucher.

– Je ne peux pas rester seul!
– Toi aussi, tu dois rentrer!
– Mais d'abord, je dois manger . . .
– Tu peux manger, mais sans moi!

Des fraises et du fromage

Learning objectives

Discussing what to buy at the supermarket
Using nouns with *du*, *de la*, *des*

1 **a** Partagez un livre à deux.
Ecoutez le professeur et montrez la photo exacte. Qui est le plus rapide: toi ou ton/ta partenaire?

A

B

C
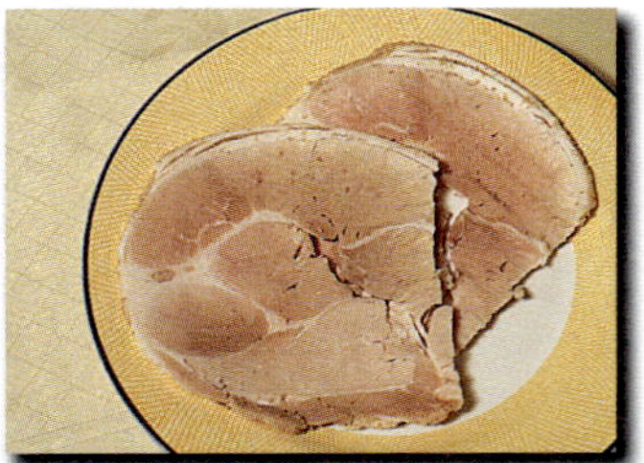

D

E

F

G

H

I

J

b Ecoute la cassette. C'est exact? Répète. C'est faux? Silence.

grammaire

Some . . .

- In French, the word for 'some' varies depending on the noun:

du + nom masculin ↔ du café . . . du thé . . . du coca . . . du chocolat
de la + nom féminin ↔ de la glace . . . de la limonade
des + nom pluriel ↔ des glaces . . . des fraises

- Some nouns can be used with both *un* and *du*, or *une* and *de la*:

un café = a coffee; one coffee
du café = coffee; some coffee

une limonade = a lemonade; one lemonade
de la limonade = lemonade; some lemonade

2 **a** En groupe ou tous ensemble (all together), faites une chaîne orale. Attention à «du», «de la» et «des».

Je dois acheter du café . . .

Je dois acheter du café et de la glace . . .

> **message**
>
> Rappel (reminder)
> je dois = I must

b D'abord, fais une liste de cinq produits (activité **1**) en secret. Après, devine la liste de ton ou ta partenaire.

Exemple

Tu as du café?

Non. Tu as . . . ?

3 **a** Révision. Trouve les traductions exactes: écris le numéro et la lettre.

1	Qu'est-ce que tu dois acheter?	**A**	What can you buy?
2	Qu'est-ce que tu veux acheter?	**B**	What would you like to buy?
3	Qu'est-ce que tu cherches?	**C**	What do you want to buy?
4	Qu'est-ce que tu vas acheter?	**D**	What do you have to buy?
5	Qu'est-ce que tu voudrais acheter?	**E**	What are you going to buy?
6	Qu'est-ce que tu peux acheter?	**F**	What are you looking for?

b Cache **A–F** et entraîne-toi à traduire **1–6** oralement de mémoire.

c Cache **1–6** et entraîne-toi à traduire **A–F** oralement de mémoire.

4 Jouez à deux à l'aide de l'exemple (photos +).

> **message**
>
> - The idea is to call people's bluff . . . if you think they are bluffing!
> - Use any of the questions from activity **3**. Make sure the verbs in your answers match the questions.
>
> *Example*
>
> Qu'est-ce que tu dois . . . ? → Je dois . . .
> Qu'est-ce que tu vas . . . ? → Je vais . . .

7 Où sont les boissons?

Learning objectives

Finding your way round a supermarket
Recognising 'look-alikes' in reading

1 **a** Ecoute ton professeur → trouve le rayon exact à l'aide du plan p81.

Exemple

Prof: *Je cherche le rayon boucherie.*

Toi: *Rayon G!*

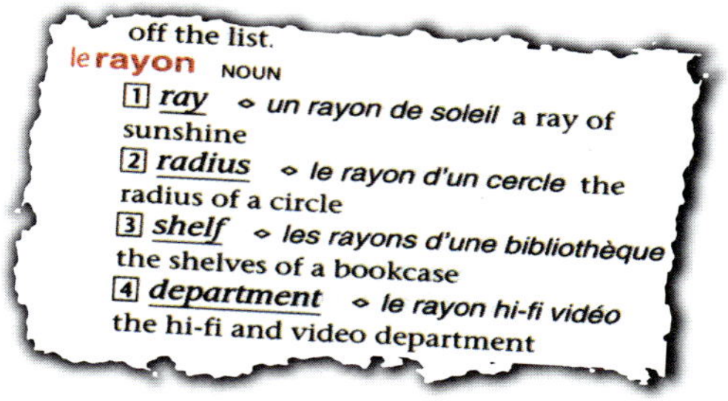
off the list.
le rayon NOUN
1 *ray* ◇ *un rayon de soleil* a ray of sunshine
2 *radius* ◇ *le rayon d'un cercle* the radius of a circle
3 *shelf* ◇ *les rayons d'une bibliothèque* the shelves of a bookcase
4 *department* ◇ *le rayon hi-fi vidéo* the hi-fi and video department

b Ecoute et lis les bulles de Caroline → écris la lettre du rayon.

2 Joue avec ta classe. Un(e) volontaire dit un rayon.

Exemple *Le rayon charcuterie!*

→ Deux réactions possibles . . .

– On peut manger ou boire: 

– On ne peut pas: 

3 **a** Ecoute le dialogue → écris les trois rayons où Caroline doit aller.

b Fais la feuille 1.

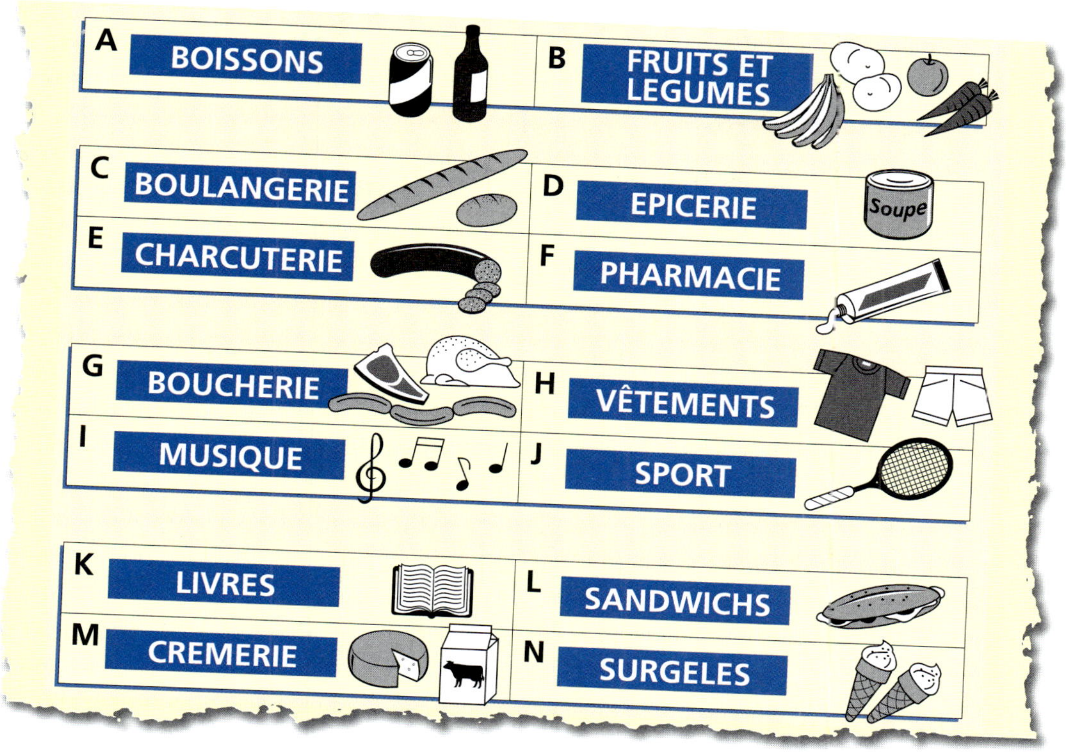

4 Lis **1–10**, regarde le plan et écris «vrai» ou «faux».

1. Le rayon charcuterie est en face du rayon boucherie.
2. Le rayon sport est à côté du rayon musique.
3. Le rayon livres est en face du rayon sandwichs.
4. Le rayon fruits et légumes est à côté du rayon épicerie.
5. Le rayon musique est à gauche du rayon sport.
6. Le rayon charcuterie est à droite du rayon pharmacie.
7. Le rayon surgelés est à côté du rayon crémerie.
8. Le rayon épicerie est à droite du rayon boulangerie.
9. Le rayon livres est à gauche du rayon sandwichs.
10. Le rayon vêtements est en face du rayon pharmacie.

university
la **face** NOUN
- **face à face** face to face
- **en face de** opposite ◇ *Le bus s'arrête en face de chez moi.* The bus stops opposite my house.
- **faire face à**

- **côte à côte** side by side
le **côté** NOUN
side
- **à côté de (1)** next to ◇ *Le café est à côté du sucre.* The coffee's next to the sugar.
- **à côté de (2)** next-door to

grammaire

Les prépositions

Careful! *Le rayon* becomes *du rayon* after:

à droite . . . *à gauche . . .* *en face . . .* *à côté . . .*

Why? More on this later (*eXpo*).

5 **a** D'abord, à l'aide du plan, écris entre six et dix phrases exactes avec «à droite», «à gauche», «en face» ou «à côté».
Après, vérifie les phrases de ton ou ta partenaire: ça va?

b Faites la feuille **2** à deux.

Regardez les promotions!

Learning objectives

Understanding announcements and instructions in a supermarket
Numbers above 100
The imperative plural
Pronunciation: ***-tion***

1 Aujourd'hui, le supermarché a des promotions (special offers).
Mais . . . où, et à quelle heure?

a D'abord, prépare-toi: révise l'heure avec ton professeur.

b Après, écoute **1–8** et écris le rayon (**A–N**, p81).

c Maintenant, réécoute **1–8** et écris l'heure des promotions.
Exemple 1 Regardez les promotions au rayon sandwichs entre 13h et 14h!
1 L, 13h–14h

2 **a** Traduis **1–5** à l'aide des annonces **A–I**.

1 pay less (*3 mots*)	**4** ask for (*1 mot*)
2 come and get (*2 mots*)	**5** the magazine (*2 mots*)
3 free (*1 mot*)	

b Le marketing, c'est ta spécialité? Ecoute et répète **A–I**.
Objectif: être convaincant (convincing).

3

L'impératif

- Do you remember about the imperative singular (p73 + *AnneXe* p55)?
  Viens avec moi. **Tourne** à gauche. **Ecoute** la cassette.
- The verbs in activity **2** are in the imperative plural:
  Payez . . . Achetez . . . Venez . . . Regardez . . .
  Allez . . . Prenez. . . Demandez . . .

Making up the imperative plural is easy: see *AnneXe* p55.

A toi!

Ecoute les verbes à l'impératif → dis «singulier» ou «pluriel».

4 Fais la feuille **3**, sur l'impératif singulier et pluriel.

5 **a** Lis la chanson p156 → recopie les verbes à l'impératif.

b Ecoute la chanson.
Attention au son *-tion*.

c A toi! Tu chantes?

6 On dépense souvent beaucoup au supermarché.

a Révise les nombres 1–100 avec ton professeur.

b Et après 100? C'est facile!
cent . . . cent un . . . cent deux . . .
deux cents . . . deux cent un . . . deux cent deux . . .

dépenser VERB
to spend (money)
dépensier

c Ecoute **1–10** et sélectionne les réponses (**A–L**).

environ ADVERB
about ◇ C'est à soixante kilomètres environ. It's about 60 kilometres.

Exemple
1 – Vous dépensez beaucoup?
– Environ 60€. *1 B*

A 50€	**D** 75€	**G** 90€	**J** 120€
B 60€	**E** 80€	**H** 95€	**K** 150€
C 70€	**F** 85€	**I** 100€	**L** 200€

reinforcement...recycling...extension...

Learning objectives

Using the correct intonation
Coping with unfamiliar language
Coping with small words such as *du/de la/des*

1 Prononciation . . . intonation

message

- When you say an English word, you always stress one syllable more than the others. Which one? It varies:
  a promotion – lemonade – a sandwich – a sardine – chocolate
- In French, always stress the last voiced syllable. Listen:
  une promotion – de la limonade – un sandwich – une sardine – du chocolat

Entraîne-toi à bien prononcer ces mots et ces phrases à l'aide de la cassette.

de la limonade – une cafétéria – un supermarché
une pharmacie – un centre sportif – un cinéma
un bowling – un collège – un centre commercial
Le supermarché a des promotions.
Le centre commercial a un cinéma.
La cafétéria n'a pas de limonade.
J'adore les magazines sportifs.
J'ai une sardine dans mon sandwich.

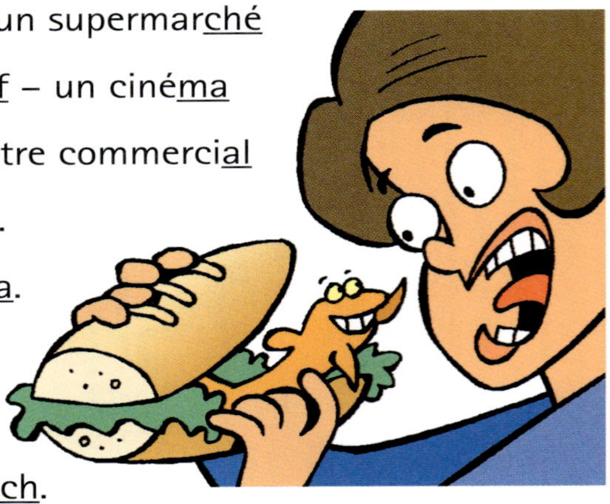

2 Opinions sur les supermarchés

a Lis **1–14** sans dictionnaire et écris ✓ (opinion positive) ou ✗ (opinion négative).

1 Quelquefois sales
2 Autobus gratuits
3 Produits de qualité variable
4 Atmosphère agréable
5 Beaucoup de choix
6 Grands parkings
7 Parkings quelquefois dangereux
8 Trop loin du centre-ville
9 Trop de choix
10 Shopping plus rapide
11 Trop grands
12 Ouverts sept jours sur sept
13 Souvent des promotions
14 Trop bruyants

b Et toi? Quelle est *ton* opinion? Relis **1–14** et fais ton choix.

3 Small words such as *du . . . , de la . . . , de l' . . . , des . . . , de . . .*

- Often, small words like articles or prepositions are used for several purposes:

  Your sandwich is **on** my chair. I want a book **on** sardines.

  In addition, small words are often used differently in French and in English:

  I must buy **coffee** (no article) – Je dois acheter du café (article)

  This is why trying to learn small words simply by their translation doesn't work.

  So: – if small words are to do with grammar, learn the rules carefully;
  – learn short sentences by heart as examples.

- *Du . . . de la . . . de l' . . . des . . .*

Je veux **du** lait.
Je veux **de la** glace.
Je veux **de l'**argent.
Je veux **des** fraises.

- The words in bold can translate as 'some' (some milk) or as nothing at all (milk). Which one to use depends on the noun that follows. See *AnneXe* pp45–46.

en face **du** rayon sport
à côté **de la** pharmacie
à gauche **de l'**épicerie
à droite **des** boissons
à droite **de** Boots

- Comparison with English doesn't work here. Besides, *du, de la . . .* don't mean 'some' in these phrases. So you just need to learn that after *en face, à côté, à gauche* and *à droite*, you must use *du, de la,* etc.

- Note:

Je veux **du café**	=	coffee; some coffee
Je veux **un café**	=	a coffee; one coffee
Le café est froid	=	the coffee
J'aime **le café**	=	coffee. Although the French for 'coffee' alone is normally *du café*, you learnt in *Formule X 1* that after verbs of likes and dislikes you must use *le/la/l'/les.*

A toi!

Fais la feuille **4**.

Making the most of new language

1 Ecoute les publicités (adverts) **1–10** à la radio locale. Les deux thèmes:
– des promotions dans un supermarché;
– une soirée portes ouvertes (an open evening) dans un collège.

Objectif: comprendre le thème. Ecris **C** (collège) ou **S** (supermarché).

Exemple 1 Venez voir les posters de la classe 8G!
1 C

2 **a** A deux, faites un poster publicitaire:
– choisissez *un* thème de l'activité **1**;
– utilisez des verbes à l'impératif pluriel.

b Scénario: vous voulez faire de la publicité à la radio. A deux, enregistrez les phrases du poster.

message X

Decide on who is going to read out which sentences from your poster and practise before the recording.

3 A deux, entraînez-vous à faire des questions et des réponses seulement (only) à l'aide des notes en anglais:
– écoutez le modèle sur cassette;
– faites des phrases complètes.

A Is there a supermarket in your town?
B Is your supermarket far from the town centre?
C Do you like going to the supermarket?
D Why/Why not?
E Do you often go to the supermarket?
F What is your supermarket like?
G With whom do you go to the supermarket?
H How do you get to the supermarket?
I What do you prefer at the supermarket?

Expressions utiles (useful)
Est-ce que . . . ?
Comment est . . . ?
Avec qui est-ce que . . . ?
Comment est-ce que . . . ?
Qu'est-ce que . . . ?

4 Lis les opinions **1–9** et écris ✓ (positif) ou ✗ (négatif). Travaille sans (without) dictionnaire.

1 Faire les courses au supermarché, c'est plus facile parce qu'on peut acheter beaucoup de produits dans un seul magasin.

2 Quelquefois, on paye moins cher mais la qualité est un problème.

3 Les supermarchés sont souvent loin du centre-ville et, pour moi, ce n'est pas idéal parce que je n'ai pas de voiture et les autobus ne sont pas fréquents.

4 On paye beaucoup moins, c'est certain. Et en plus, il y a souvent des promotions intéressantes. C'est bien pour moi parce que je n'ai pas beaucoup d'argent.

5 Dans un supermarché, il y a beaucoup de rayons et beaucoup de produits. Et moi, j'adore le choix.

6 Faire les courses au supermarché, je trouve que c'est beaucoup plus rapide. Vous ne trouvez pas?

7 Les promotions ne sont pas toujours très importantes. Par exemple, 1€ sur un kilo de café, ce n'est pas énorme.

8 Les supermarchés sont souvent jolis, modernes ... on entend de la musique ... Je trouve que c'est relaxant.

9 C'est souvent plus sympa dans les petits magasins, non? Et en plus, c'est moins bruyant.

5 Fais **A** *ou* **B**.

A

Qu'est-ce que tu aimes et qu'est-ce que tu n'aimes pas dans les supermarchés? Ecris au moins 50 mots.

message X

If your teacher allows you to use *Formule X*, you can adapt sentences if you wish but should not copy any sentences word for word.

B

Invente une conversation écrite entre deux ou trois personnes (50 mots minumum).
Le thème: mon supermarché.

message X

- Use a variety of structures to show as much of what you know as possible.
- You could first give practical information about where it is, how often you go, etc., then give your opinion.

Quiz-cuisine

Vrai ou faux? Devine → vérifie à l'aide de la feuille **5**.

1. La carotte est un légume . . . et un fruit.
2. Le chocolat est une cause de l'acné.
3. Un chat ne doit pas manger trop de viande.
4. Tu veux aller au soleil*? Ne mange pas trop de fromage.
5. Les souris préfèrent le fromage.
6. La mayonnaise est d'origine française.
7. Les épinards* sont très, très riches en fer*.
8. Les spaghettis sont d'origine chinoise.

Glossaire

le soleil = the sun
les épinards = spinach
le fer = iron

Flash[1]

Un employé de bureau* veut acheter un hamburger? Il doit travailler 14 minutes à Chicago, 177 minutes au Kenya et 11 heures au Niger.

Glossaire

un employé de bureau = an office clerk

BD

Facile, le français!

Trouve et recopie:

1 les trois légumes   2 les trois fruits   3 les trois desserts   4 les trois boissons

un abricot
une tomate
du cidre
une banane
un concombre
une orangeade
un oignon
un gâteau
une meringue
une pêche
une tarte
du champagne

Le français dans un supermarché . . . britannique!

8 Ah, la télé!

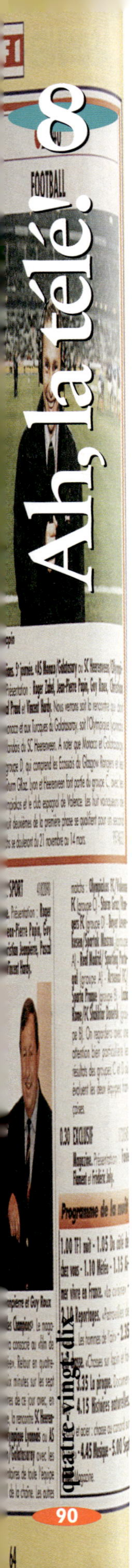

Programmes-télé

Learning objectives

Saying what you watch on TV
Asking others what they watch
Coping with new words in reading
Recycling language in wider contexts

un film …	un programme …	
… comique	… sportif	un jeu-télé
… d'horreur	… d'information	un dessin animé
… d'aventure	… sur la nature	un soap
… de science-fiction	… pour les enfants	une série
		une publicité

1 **a** Est-ce que tu comprends la liste de programmes-télé? Imite l'exemple.

Exemple Nomme un programme sportif.
→ Toi: *Match of the Day!*

Glossaire
nommer = to name

b Entraîne-toi à prononcer les mots de la liste avec ton professeur.

Neighbours: un jeu-télé – un soap.

Un soap!

2 **a** Devine les six préférences de Caroline à la télévision.
Exemple *les dessins animés*
les …

Glossaire
à la télé = on TV
sur la télé = on the TV set; about TV

b Ecoute le dialogue et coche ta liste quand tu entends une préférence.

c Réécoute le dialogue et note les préférences absentes de ta liste.

3 Ecris tes trois préférences-télé, puis (then) interviewe ta classe. Ton objectif: trouver une personne avec des choix identiques. D'abord, entraîne-toi à dire la question de mémoire.

Qu'est-ce que tu aimes regarder à la télévision?

J'aime regarder …

4 **a** Lis **A–G** et identifie les types de programmes-télé.
Exemple A – Un programme d'information

A voir absolument cette semaine!

A 24 heures d'infos Le détail de l'actualité, avec un reportage spécial sur le Mexique. (Mardi, 4h15, France 2)

B Disney Club été Aujourd'hui, plus d'une heure avec quatre favoris. (Vendredi, 7h20, TF1)

C Questions pour un champion Aujourd'hui: la demi-finale entre trois concurrentes très anxieuses. (Jeudi, 18h20, France 3)

D Le retour de la panthère rose Peter Sellers, l'inspecteur Clouseau, est sur les traces d'un voleur de bijoux. Il accumule les situations . . . pas très sérieuses. (Mercredi, 13h50, TSR)

E Grand Prix de Grande-Bretagne Pour les motos de catégories 250 cm³ et 500 cm³. Le gagnant des 500 cm³ est pratiquement certain, mais on va voir une bataille entre quatre favoris dans la catégorie 250 cm³. (Dimanche, 12h00, Eurosport)

F Assassins Sylvester Stallone joue le rôle d'un assassin fanat que d'informatique qui trouve ses contrats sur Internet. Action garantie! (Mardi, 22h25, Canal+)

G Alerte à Malibu La plage et le suspense avec David Hasselhoff, ses copains musclés . . . et ses copines délicieuses. (Vendredi, 16h40, TF1)

b Relis **A–G** et traduis **1–9** à l'aide du contexte.
Aide-toi d'un dictionnaire pour les questions **3**, **5** et **9**.

1 a special report	**4** a jewellery thief	**7** the winner
2 about Mexico	**5** serious (*ms*)	**8** four favourites
3 anxious (*ms*)	**6** the motorbikes	**9** delicious/delightful (*ms*)

5 **a** Entraîne-toi à lire le paragraphe de David à haute voix.

*A la télévision, j'aime bien les programmes d'information parce que je suis très curieux. Le soir, par exemple, je regarde toujours** **Flash Info** *entre 19h45 et 20h sur Canal+. Je n'écoute pas seulement l'information sur la Grande-Bretagne. Par exemple, j'aime aussi les reportages sur la France et sur les Etats-Unis: c'est très bien pour connaître un pays et, en plus, c'est quelquefois utile pour la géographie. Quelquefois, je regarde aussi* **Le Journal** *à 20h sur TF1 ou France 2, mais c'est plus long et il y a trop d'information sérieuse. En plus, c'est quelquefois difficile et je ne comprends pas toujours. Et toi, est-ce que tu regardes des programmes d'information? Est-ce que tu trouves ça intéressant?*

Glossaire
toujours = always

b A toi! Ecris un maximum de mots sur *un* type de programme-télé.

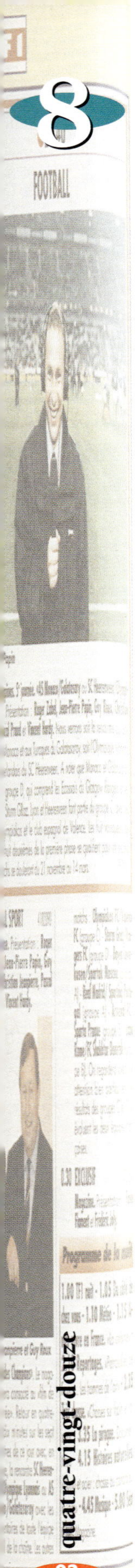

8

C'est effrayant!

Learning objectives

Giving and seeking opinions about TV programmes
Revision: the agreement of adjectives
Recycling in wider contexts
Speaking from a cue card

1 En français, beaucoup d'adjectifs sont très similaires à l'anglais.

a Dans la liste **1–9**, trouve *informative* et *frightening* par élimination.

1 excellent
2 important
3 effrayant
4 réaliste
5 romantique
6 violent
7 instructif – instructive (*f*)
8 inventif – inventive (*f*)
9 original – originaux (*pl*)

b Devine la prononciation exacte des adjectifs **1–9**, puis écoute.

c Fais une grille avec les adjectifs **1–9**.

ms	*fs*	*mpl*	*fpl*
excellent	*excellente*	*excellents*	*excellentes*

2 Il y a beaucoup de séries américaines à la télévision.
Lis les bulles p93 et réponds aux questions **1–9**.

1 Guess what *comme* means, used by Nourredine, David et Matthieu.
2 Who doesn't always understand *X Files*?
3 Who rarely watches *X Files*?
4 Who likes being scared?
5 Who prefers programmes closer to reality?
6 Who dislikes fun series?
7 Who is never bored by *X Files*?
8 Who has difficulty sleeping after watching *X Files*?
9 Who says the actors are good?
10 Who doesn't mind the violence?

3 Lis les bulles p93 à voix haute à l'aide de la cassette.

4 Ecoute les opinions **1–10** sur *X Files* et écris **F** (opinion favorable) ou **D** (opinion défavorable).

5 Fais la feuille **1**.

grammaire

Still not sure about adjectives? Check in the *AnneXe* grammar summary!

Nourredine

*Moi, j'aime beaucoup les films de science-fiction et les séries américaines comme **X Files**. Je trouve que c'est une série géniale parce que c'est effrayant. L'action est quelquefois violente, mais ça va. Je n'aime pas du tout les séries romantiques ou les séries amusantes comme **Frasier**.*

David

*J'aime les séries américaines comme **ER**. Je trouve que **X Files** est quelquefois difficile à comprendre, mais les acteurs jouent bien et l'action est intéressante. Je trouve que l'actrice principale est excellente.*

Angélique

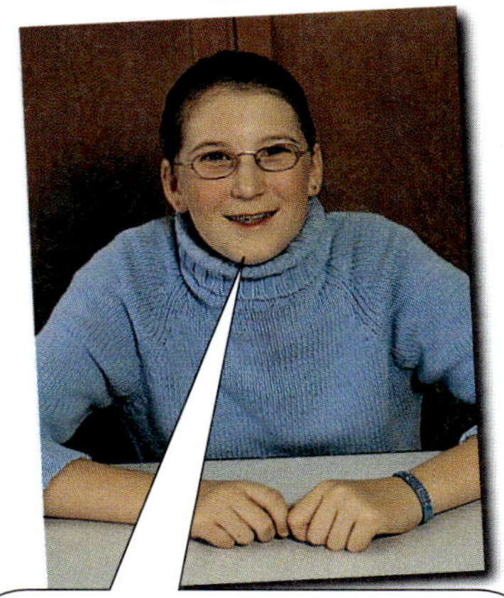

D'abord, c'est une série très inventive. En plus, l'action est très différente chaque semaine et ce n'est jamais ennuyeux. Ça, c'est très important!

Matthieu

*Je connais **X Files**, mais je regarde rarement la série parce que je me couche entre 9h et 9h30. En plus, je trouve l'action trop violente et, quand je regarde un épisode, je ne dors pas bien. Je préfère les séries amusantes comme **Friends**.*

Elodie

Moi, j'adore l'acteur principal mais je préfère les programmes moins violents et plus réalistes. C'est une série inventive et l'action est très originale, mais ce n'est pas pour moi!

6 Entraîne-toi à parler au moins une minute sur *X Files* ou sur une série différente. D'abord, regarde et écoute le modèle.

Mes notes

Titre	*The Bill*
Quand et où?	Mardi, ITV, 20h–21h
Acteurs:	Très bien; Meadows
Action:	Réaliste; originale; pas trop violente
Opinion (famille):	Mère: soaps (*Brookside*)

8

Ça commence à quelle heure?

Learning objectives

Understanding TV schedules (revision of 24-hour clock)
Discussing when you and others watch TV
Coping with a long text

1 **a** Ecoute **1–7** et prends des notes. Qui regarde le plus la télé? Et le moins?

Exemple 1 La semaine, je regarde la télévision entre 19h30 et 21h.
1 19h30–21h

b Regarde et écoute les recommendations. Tu trouves combien d'erreurs?

D'abord, à la télé ce soir, commencez sur France 3 avec le jeu-télé ***Questions pour un champion*** à 18h20 . . . A 19h15, n'oubliez pas ***Qui est qui?***, le jeu-mystère de France 2 . . . Après, à 20h05, vous allez connaître les résultats de la semaine avec ***Tout le sport*** sur France 3 . . . A 20h50, sur M6, regardez ***Le Clown***, une série allemande où Max a une mission différente chaque semaine . . . Finalement, à 21h50, finissez avec ***Godzilla***, un film d'aventure américain avec Matthew Broderick sur Canal+ . . . Ou, si vous préférez, vous pouvez regarder ***Tour de France*** sur Eurosport à 22h.

2 **a** Regarde **1–10**: tu as deux minutes pour trouver les deux mots et expressions absents dans le dialogue p95.

Exemple 1 ✓

1 village **2** génial **3** super **4** dîner **5** petit-déjeuner **6** radio
7 je me couche **8** rarement **9** je me repose **10** samedi

b Vérifie les mots du dialogue **en caractères gras** dans *AnneXe* p19.

c Regarde et écoute le dialogue. Concentre-toi sur la prononciation.

d Fais la feuille **2**.

3 Imagine que tu es Fatima et prépare-toi à parler sur toi et la télé . . . sans notes.

message X

Les mots concrets sont importants («radio», «chambre», etc.), mais aussi les mots comme «environ», «pendant», «par», etc.

– Fatima, est-ce que tu regardes beaucoup la télévision?
– Oui, environ . . . 15 heures par semaine. La télé, c'est idéal quand on habite dans un village.
– Pourquoi?
– Ben . . . nous n'avons pas de loisirs et mes copains n'habitent pas dans le village, donc la télé, c'est super!
– Est-ce que tu regardes souvent la télé avec ta famille?
– Avec mes parents, oui.
– Et quand est-ce que vous regardez la télévision?
– Euh . . . nous regardons la télé le soir. Nous commençons **pendant** le dîner, parce qu'il y a *Qui veut gagner des millions?* sur TF1.
– **Ça commence** à quelle heure?
– Ça commence à . . . 20h55 et . . . **ça finit** à 21h55.
– Et . . . est-ce que tu regardes aussi la télé le matin, pendant le petit-déjeuner, par exemple?
– Oh non, parce que je ne me lève pas avant 7h30 et je dois quitter la maison à 8h15.
– Ah oui, je comprends.
– Et . . . le matin, chez moi, **nous préférons** la radio. Nous avons la radio dans la cuisine et dans la salle de bains.
– Et . . . dans ta chambre aussi?
– Oui, et c'est bien le soir. Je n'ai pas de télévision dans ma chambre, mais ça va parce que je préfère écouter la radio ou des CD quand je me couche.
– Mais . . . la télé, tu regardes la télé **combien d'heures** par semaine?
– Bof, euh . . . la semaine, deux heures, plus ou moins . . .
– Et le week-end?
– Le dimanche, chez moi, nous regardons rarement la télé parce que nous sortons beaucoup. Mais le samedi, oui, nous regardons souvent la télé le soir.
– Et qu'est-ce que vous regardez?
– Ah . . . je choisis souvent! Par exemple, euh . . . où est le magazine-télé? Ah, voilà! Euh . . . samedi soir! D'abord, nous allons regarder *Qui veut gagner des millions?*, après, le *Journal* à 22h sur France 2, et après, *Jeanne d'Arc*. C'est un film sur TF1. Finalement . . . je vais aller au lit!
– Le film finit à quelle heure?
– Il finit à . . . 23h45.
– Tu peux regarder la télé **jusqu'à** 23h45?
– Seulement le samedi!

message X

- *Commencer* is a regular *-er* verb except that *commençons* has a cedilla.
- *Préférer* is also a regular *-er* verb but has an irregular pattern of accents after the *-f-*: learn it well (*AnneXe* p53).

8

reinforcement...recycling...extension...

Learning objectives

Stocktake on ***il/elle/c'est/ça***
Words with several meanings
Pronunciation: ***-tion-***
Looking up new French words
Commencer, préférer, finir **(present)**

grammaire

1 Il . . . Elle . . . C'est . . . Ça . . .

Lis les explications dans *AnneXe* pp57–58, puis fais la feuille **3A**.

2 Vocabulaire

Quelquefois, un mot anglais a deux traductions possibles (ou plus!):
please = s'il te plaît – s'il vous plaît

Quelquefois, un mot français aussi a deux traductions possibles.
Traduis **1–8** en anglais: attention aux mots **en caractères gras**.

1 Je voudrais **un café**.
2 Rendez-vous devant **le café** à 11h.
3 Caroline est à **la maison**.
4 **Ma maison** est en face de l'église.
5 Le garage n'est pas très **propre**!
6 Est-ce qu'on doit travailler **au propre**?
7 Tu as **combien** d'argent?
8 Tu as **combien** de sœurs?

3 Avec . . . ou sans dictionnaire!

Lis **1–10** et donne ton opinion: ,  ou  ?

Utilise ton dictionnaire au minimum.

A la télévision, est-ce que tu aimes regarder . . .

1 . . . les documentaires?
2 . . . les programmes scolaires?
3 . . . les programmes de variétés?
4 . . . la météo?
5 . . . les programmes de cuisine?
6 . . . les programmes de jardinage?
7 . . . les programmes de mode?
8 . . . les programmes religieux?
9 . . . les films policiers?
10 . . . les programmes de vacances?

4 Prononciation: *-tion- -ssion- -sion-*

Entraîne-toi à l'aide de la feuille **3B**.

5 Commencer . . . préférer . . . finir

- In the present tense, *commencer* and *préférer* are slightly irregular (p95).
- *Finir* is often called a regular *-ir* verb (although there are few of those!). Learn it with the help of the cassette:

  je finis – tu finis – il finit – elle finit – on finit
  nous finissons – vous finissez – ils finissent – elles finissent

- Making up your own sentences can help you learn new verbs and revise vocabulary at the same time. Here are some examples with *commencer*:

  Je préfère **commencer** mes devoirs après *Neighbours*.
  Chez moi, nous **commençons** le dîner à environ 7h.

A toi!

a Ecris au moins cinq phrases avec «préférer» et cinq phrases avec «finir» au présent.
Dans chaque phrase, utilise une terminaison (verb ending) différente.
C'est trop difficile? Fais la feuille **4A**.

b Vérifie les phrases de ton ou ta partenaire. Tu comprends? L'orthographe (spelling) est exacte?

6 On chante?

Encore une série américaine
Et encore une série australienne,
Je trouve ça très embêtant,
C'était* beaucoup mieux* avant!
TF1, Canal+,
Où sont les films français?
France 2, France 3, M6,
Parlez français, s'il vous plaît!

Il y a trop de programmes scolaires
Et encore plus de documentaires,
Je trouve ça très ennuyeux,
La radio est beaucoup mieux!
TF1, Canal+,
Ecoutez-moi, OK?
France 2, France 3, M6,
Amusez-moi, s'il vous plaît!

Encore une série américaine
(. . .)
Parlez français, OK? OK!

Glossaire
c'était = it was
mieux = better

Making the most of new language

1 Invente un maximum de réponses possibles aux questions **1** et **2**.
Travaille oralement ou par écrit (écoute les instructions de ton professeur).

1	Pourquoi est-ce que tu préfères le cinéma?
2	Pourquoi est-ce que tu préfères la télévision?

2 **a** Est-ce que tu comprends les structures **A–G**? Vérifie dans *AnneXe* pp59–60.

A Est-ce que tu . . . ?
B Pourquoi est-ce que tu . . . ?
C Quand est-ce que tu . . . ?
D Qu'est-ce que tu . . . ?
E Qu'est-ce que tu vas . . . ?
F Où est-ce que tu . . . ?
G Avec qui est-ce que tu . . . ?

b Fais correspondre les questions de la cassette avec **A–G**.
Exemple Qu'est-ce que tu regardes le samedi soir à la télévision?
1 D

c Invente une question simple et une question plus complexe pour chaque structure (**A–G**). Pour commencer, entraîne-toi oralement.

Exemple

A
- ***Qu'est-ce que tu regardes à la télévision?***
- ***Qu'est-ce que tu aimes regarder à la télévision le samedi soir quand tu ne sors pas avec tes copains ou ta famille?***

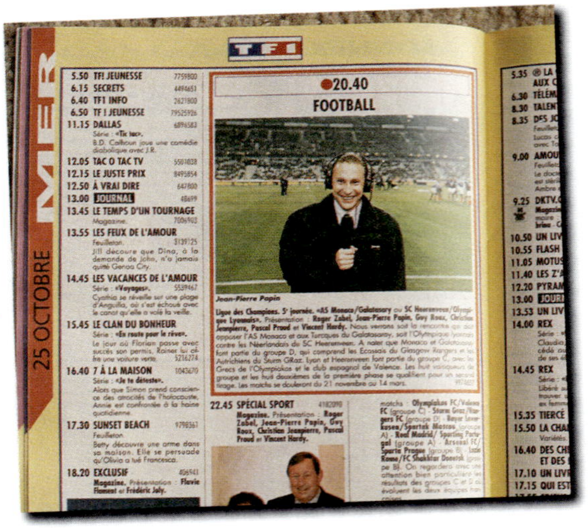

3 Ecoute Béatrice, trois fois, sans interruptions, et prends des notes. Objectif: résumer les détails importants par écrit, en français, à l'aide de tes notes.

message X
C'est difficile? Utilise le support de la feuille **4B**.

4 A deux, entraînez-vous oralement, sans notes, à parler de la télévision.

message X
- Your teacher will indicate roughly how many questions and answers you should aim for.
- Rather than both of you asking and answering questions at the same time, you may find it easier to take turns to interview each other.

5 Ecris une lettre à un correspondant ou une correspondante . . .
OU . . . fais l'activité **6**.
Le thème de ta lettre: «La télévision et moi».

Donne un maximum de détails et d'opinions, mais pose aussi des questions.

message **X**

Bien présenter une lettre: voir p35.
Tu veux des idées? Regarde pp90–98 et dans *AnneXe* p18.

6 **a** En groupe, écrivez une conversation.
Le scénario: une discussion en famille.
Le thème: «Qu'est-ce qu'on va regarder ce soir à la télé?»

b Entraînez-vous à lire la conversation à voix haute.

message **X**

- Vous travaillez en groupe de trois? Inventez une conversation entre trois personnes!
- Ecrivez un dialogue dynamique et amusant.
- Ecrivez: des suggestions . . . des opinions . . . des réactions . . . des questions.
- Variez le temps (tense) des verbes:
  – présent — *aller* + infinitif
- Variez le vocabulaire et les structures. Exemples:
  Je voudrais . . . — *Pourquoi est-ce que tu (ne) veux (pas) . . . ?*
  Moi, je préfère . . . — *Oh, non! On regarde toujours . . . !*
  A mon avis, . . . — *Quand est-ce qu'on va . . . ?*
  Est-ce qu'on peut . . . ? — *Moi, je ne veux pas . . .*
  Mais tu dois . . . — *Moi, je trouve ça . . .*
- Voici quelques expressions utiles (useful):
  Ecoute, . . . — *Je comprends, mais . . .*
  D'accord, mais . . . — *Oui, mais tu sais, . . .*

8

La publicité à la télé

Après le 13 décembre, à la télévision, il n'y a pas beaucoup de publicités pour les jouets. C'est parce qu'en général les familles choisissent avant. Mais, après le 13 décembre, on continue les publicités pour les jeux vidéo parce que l'argent est un cadeau fréquent à Noël. Et, avec l'argent de Noël, les adolescents adorent acheter . . . des jeux vidéo.

Vous êtes indépendants? Mais non! La publicité a une influence considérable sur les décisions: le contraire est impossible. En plus, la publicité n'est pas seulement à la télévision, mais aussi sur les jeux vidéo, sur Internet, sur les cartes téléphoniques, dans les taxis, dans les trains et dans les autobus. C'est l'obsession!

Flash[1]

Maintenant, en France, la télévision publique ne doit pas montrer plus de huit minutes de publicité par heure. Le gouvernement donne une compensation financière aux chaînes de télévision parce qu'avant, c'était* 12 minutes. Il n'y a pas de limite pour les chaînes privées*.

Une chaîne de télévision 100% football? Maintenant, ça existe. Elle s'appelle l'**International Foot Channel**, et elle est basée à Londres.

Ne jamais regarder la télé, c'est possible? Mais oui: 8,5% de réponses positives en France. Les plus fanatiques de la télé sont les 15–24 ans, et 57% de Français regardent régulièrement la télé pendant le dîner.

Glossaire

c'était = it was
privé = private

Et la radio?

- Est-ce que la radio FM est populaire en France?
- Chez les ados*, oui, énormément. Skyrock, par exemple.
- Maintenant, Skyrock est une station de radio leader, non?
- Pour le rap, oui. Mais Skyrock a un problème. La station voudrait une fréquence FM plus grande.
- Skyrock est une station désavantagée?
- Oui, elle a seulement une fréquence de 90. Fun-radio a une fréquence de 190 et NRJ a une fréquence de 230.
- Et une petite fréquence, c'est un problème?
- Oui, parce qu'il y a des villes – et des grandes villes – où il est impossible d'écouter Skyrock: Strasbourg, Annecy, Calais . . .
- Mais il y a une campagne en faveur de Skyrock en ce moment, non?
- Oui, avec des DJ, des stars de rap, de hip-hop, etcétéra.

Glossaire

les ados (les adolescents) = teenagers

Flash²

Est-ce que vous aimez le hip-hop, le ragga, le new jack, le funk, le raï . . . ? Ecoutez ADO FM! Entre 40 et 50% des jeunes* écoutent ADO FM. Des présentateurs cools . . . de la musique . . . mais aussi des infos*. Avec 450 000 auditeurs par jour, ADO FM est en deuxième place après Skyrock, et à égalité avec NRJ.

Glossaire

les jeunes = young people
des infos (des informations) = news bulletins

BD

teXto

Je peux faire une boum?

Learning objectives

Making plans (for a party)
Revision: the near future
Asking questions

1 Est-ce que le dialogue donne l'information **1–6**? Ecris «oui» ou «non».

1. Date exacte de la boum.
2. Raison exacte de la boum.
3. Personnes à inviter.
4. Décision: qu'est-ce qu'on va boire?
5. Décision: qui va préparer à manger?
6. Location exacte de la boum.

Père – Coralie, ça va?
Coralie – Euh . . . oui, oui . . .
Belle-mère – Tu es très calme ce soir. Tu ne parles pas.
Coralie – Non, non, rien . . .
(*deux secondes de silence*)
Coralie – Est-ce que je peux faire une boum le mois prochain?
Père – Une boum? Pourquoi?
Coralie – Ben . . . Je ne sais pas . . . Pourquoi pas?
Belle-mère – Ben . . . Oui, pourquoi pas! Mais . . . quand est-ce que tu veux faire une boum?
Coralie – Euh . . . le 7 mai, par exemple? C'est un samedi.
Père – Ah, ce n'est pas idéal. Tes grands-parents vont venir pour le week-end.
Belle-mère – Alors, le 14, peut-être? A mon avis, le 14, ça va.
Coralie – Ben . . . oui, je veux bien.
Père – Et qui est-ce que tu vas inviter?
Coralie – Je vais inviter . . . des copains du collège et . . . en plus, je voudrais inviter des copains du club des jeunes.
Belle-mère – Combien de personnes est-ce que tu vas inviter?
Coralie – Bof, 15 . . . 20?
Père – Tu pourrais faire ta boum dans le garage.
Coralie – Oui, dans le garage et dans le jardin . . . Est-ce que Aïsha et Zara peuvent dormir ici?
Belle-mère – Oui, bien sûr. Pourquoi pas!
Père – J'ai une idée: tu pourrais aussi inviter les copains de ta sœur . . .
Coralie – Ah, non! C'est ma boum!

2 **a** Relis le dialogue, puis (then) écoute l'information. Quelle est ta réaction?

Information exacte

Information absente

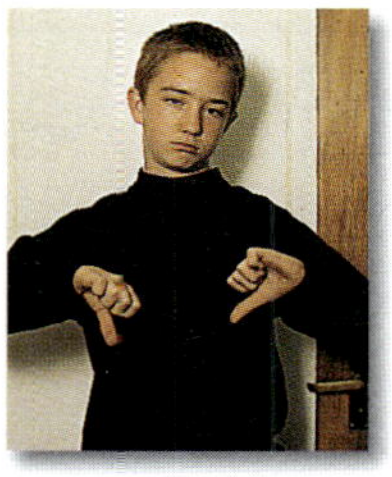
Information fausse

b A trois, entraînez-vous à lire le dialogue à haute voix.

c Coralie veut inviter son copain Patrick à sa boum: elle téléphone et laisse un message. Ecoute: combien d'erreurs est-ce qu'elle fait?

d De mémoire, fais des phrases sur la boum de Coralie à l'aide du support **1–6**. Entraîne-toi d'abord oralement, puis (then) fais tes phrases par écrit.

Exemple *1 Coralie va faire une boum le mois prochain.*

1 Coralie va – prochain	**4** Elle va – 20 personnes
2 Elle va – 7 mai	**5** Elle va – garage – jardin
3 Elle va – copains – collège – club des jeunes	**6** Elle ne va pas – copains – sœur

e Complète la feuille **1A** sans aide, puis (then) à l'aide de la cassette. C'est une version moins longue du dialogue chez Coralie.

3 Imagine: ton professeur va faire une boum.

a Prépare-toi à poser un maximum de questions (avec «vous») sur sa boum.

Exemple

Qu'est-ce que vous allez manger à la boum?

b Avec ta classe, pose des questions et prends des notes sur les réponses de ton professeur.

c Ecris un paragraphe sur la boum de ton professeur.

grammaire X

- Section **a**: aide-toi des notes sur les questions (*AnneXe* p59).
- Section **a**: c'est difficile? Aide-toi de la feuille **1B**.
- Section **c**: utilise «aller» + infinitif (↔ futur).
- Section **c**: écris ton paragraphe au brouillon, puis (then) vérifie: est-ce que tu peux écrire des phrases plus longues? Par exemple, donne deux ou trois détails dans une phrase.

9 24 heures avant la boum

Learning objectives

Coping with longer passages
Using context in reading
The imperative with ***-moi/-le/-la/-les***

1 Lis le dialogue et traduis **1–14** à l'aide du contexte.

1 help me
2 listen to me
3 bring me
4 look at me
5 put it
6 listen to it
7 invite them
8 to put
9 to bring
10 a cousin (*m*)
11 a cousin (*f*)
12 something
13 by coach
14 by train

Coralie – Mustapha, viens ici. Aide-moi, s'il te plaît.
Mustapha – Ouais, ouais! Samedi, la boum! OK! Ouais . . .
Coralie – Mustapha! Ecoute-moi!
Mustapha – J'arrive! Je cherche mes chewing-gums. Bon, où est-ce que je dois mettre la platine laser?
Coralie – Mets-la ici, sur la table.
Mustapha – Quels CD est-ce que tu as?
Coralie – Regarde dans le placard, à côté de la fenêtre.
Mustapha – Ah, je ne connais pas ton CD de *Louise Attaque*.
Coralie – Ecoute-le ce soir, si tu veux.
Mustapha – Merci! Ah, est-ce que je dois apporter quelque chose demain? Je ne sais pas, du coca . . .
Coralie – Si tu veux. Et . . . apporte-moi des chocolats!
Mustapha – C'est plus cher! Euh . . . est-ce que tes cousins vont venir à la boum demain?
Coralie – Mes cousins? Non, mais . . . regarde-moi!
Mustapha – Oh . . . écoute, invite-les!
Coralie – Jamais! Mais . . . ma cousine Nadia va venir . . .
Mustapha – Ah, elle va venir? Ouais!
Coralie – Oui, mais . . . avec son copain.
Mustapha – Ah, elle a un copain maintenant . . . Mais comment est-ce qu'ils vont venir? Elle habite assez loin.
Coralie – Ils vont venir en car ou en train, et . . . ils vont rentrer dimanche en voiture avec mon père.
Mustapha – Et moi, est-ce que je peux dormir ici aussi?
Coralie – Euh . . . non, c'est trop petit ici.

2 Mets **1–8** dans l'ordre du dialogue.

1 Mustapha prend une décision pour demain.
2 Mustapha aide Coralie avec la musique.
3 On voit que Mustapha aime bien la cousine de Coralie.
4 Coralie cherche Mustapha.
5 Nadia ne va pas venir seule à la boum.
6 Mustapha cherche quelque chose à manger.
7 On apprend où Mustapha ne va pas dormir demain soir.
8 Coralie refuse d'inviter d'autres personnes.

3 **a** Ecoute les extraits du dialogue et montre-les à la page 104 le plus vite possible.

b Ecoute les commentaires **1–10** sur le dialogue: c'est vrai ou faux?

4 **a** Relis le dialogue et recopie les neuf verbes à l'impératif singulier.
Exemples ***viens (ligne 1)*** ***Aide-moi (ligne 1)***

grammaire

L'impératif avec *-moi*, *-le*, *-la*, *-les*

- As you saw in activity **1**, verbs in the imperative are sometimes followed by *-moi*, *-le*, *-la* or *-les*:

Aide-moi	Help me	Regarde-la	Look at her
Ecoute-le	Listen to him	Apporte-les	Bring them (along)

This shows you, among other things, that *le*, *la*, *les* don't always mean 'the'.

A toi!

b Fais la feuille **2A**.

c Oralement, fais des phrases avec **1–8**.

Exemple **1** *Le CD de Zebda? Achète-le!*

1 Le CD de *Zebda* (acheter)	**5** La platine laser (apporter)
2 La cassette (écouter)	**6** La fenêtre (fermer)
3 Les sandwichs (manger)	**7** Les devoirs (commencer)
4 Tes cousines (inviter)	**8** Ton chien (chercher)

d Fais **4c** par écrit, mais avec des phrases plus longues. Regarde l'exemple du dessin.

5 **a** Entraînez-vous à lire le dialogue à deux.

b Réécrivez une section du dialogue, mais changez des mots.
Exemple – ***Mustapha, vite! Aide-moi dans le garage.***
– ***Super, super! La boum, demain! Génial!***

Du ketchup et des chips

Learning objectives

Shopping for food: talking to a shop assistant
Pronunciation: *-ui-*

C'est samedi matin et Coralie doit finir de préparer sa boum. Le supermarché est assez loin, alors elle décide de faire son shopping à l'épicerie de la rue Mazarin.

a Regarde et écoute le dialogue une fois.

b Regarde les cartes de ton professeur et trouve les mots dans le dialogue.

Exemple  → 

Coralie – Alors, qu'est-ce que je dois acheter . . . ?
Vendeuse – Bonjour mademoiselle, vous désirez?
Coralie – Pour commencer . . . je voudrais du beurre et de la crème, s'il vous plaît.
Vendeuse – Oui . . . voilà. Et avec ça?
Coralie – Euh . . . je voudrais aussi des œufs. Douze œufs.
Vendeuse – Voilà. C'est tout?
Coralie – Euh . . . non, non. Est-ce que vous avez du ketchup?
Vendeuse – Oui, bien sûr!
Coralie – Et . . . je dois aussi acheter des chips et . . . des biscuits. Ah, les biscuits au chocolat, à gauche!
Vendeuse – Ici?
Coralie – Non, là! Les biscuits à 3,50€.
Vendeuse – Voilà!
Coralie – Et . . . pour finir, je voudrais un gâteau.
Vendeuse – Regardez, vous voulez choisir?
Coralie – Bof, euh . . . je vais prendre deux gâteaux: là . . . et là. Et c'est tout!
Vendeuse – Très bien!
Coralie – Ça fait combien, s'il vous plaît?
Vendeuse – Un moment . . . Ça fait . . . 26,85€.
Coralie – Voilà . . . Au revoir, madame.
Vendeuse – Au revoir, merci!
(*à la maison*)
Coralie – Zut! J'ai oublié le jus de fruits!

Glossaire
vendeur, vendeuse = shop assistant

2 **a** Apprends à prononcer les choses à manger avec ton professeur.

b Ecoute et prononce bien:

Exemple
– Un œuf, des œufs.
*– Un œuf, c'est seul: deux œufs, c'est mieux.**

Glossaire
mieux = better

c Et le son **-ui-**, ça va? Entraîne-toi avec la cassette.

des fruits
J'ai huit sur huit.
La nuit, ça m'ennuie.
des biscuits gratuits
du jus de fruits
Je suis dans la cuisine.
C'est juillet aujourd'hui.

3 **a** Est-ce que tu comprends bien le dialogue p106?
Vérifie dans *AnneXe* si nécessaire.

b A deux, oralement, faites un maximum de mini-dialogues à l'aide de la grille.

Exemple Merci beaucoup. Au revoir!

– Merci beaucoup.	– Non, je voudrais des œufs.
– C'est tout?	– Ah, désolé/désolée!
– Douze œufs?	– Au revoir!
– Ça fait combien?	– Non, là, à gauche.
– C'est trop cher.	– 15€, s'il vous plaît.
– Et avec ça?	– Oui, merci.
– Vous voulez le gâteau . . . ici?	– Je voudrais aussi du beurre.
	– Non, six seulement.

c Maintenant, fais tes mini-dialogues par écrit.
Dans chaque dialogue, écris **C** (= client/cliente) et **V** (= vendeur/vendeuse).

Exemple *C – Merci beaucoup.*
V – Au revoir!

4 A deux, imaginez que vous allez à l'épicerie.

a Préparez une liste de shopping.

b Inventez un dialogue écrit.

c Entraînez-vous à jouer le dialogue oralement.

9

reinforcement...recycling...extension...

Learning objectives

Looking up English words
The present tense of *acheter*
Asking questions
Round-up of words of time and frequency

1 Dictionnaire

Traduis **1–10** le plus vite possible à l'aide d'un dictionnaire.

1 salt (du . . .)
2 pepper (du . . .)
3 sugar (du . . .)
4 honey (du . . .)
5 mustard (de la . . .)
6 mayonnaise (de la . . .)
7 salad dressing (de la . . .)
8 jam (de la . . .)
9 banana (une . . .)
10 cornflakes (des . . .)

message X

You don't need to learn these words, but they may be useful for *RelaX*!

2

a Ecris le verbe «acheter» complet (avec «je . . . » , «tu . . . », etc.) à l'aide des bulles.

Est-ce que tu achètes un cadeau quand tu vas à une boum? Mon copain achète souvent un CD, mais j'achète seulement quelque chose à boire ou à manger parce que je n'ai pas beaucoup d'argent.

Madame, quand vous achetez des vêtements en France, est-ce que c'est plus cher ou moins cher? Dans ma famille, nous achetons souvent des vêtements en Espagne en août. Par exemple, mes parents achètent des tee-shirts.

b Vérifie dans *AnneXe* p53, puis (then) entraîne-toi à bien prononcer le verbe «acheter» à l'aide de ton professeur.

c Ecris au moins six phrases de ton choix avec le verbe «acheter» (je, tu, il . . .).

3 Questions

A l'aide des notes, fais les huit questions oralement, puis par écrit.

At what time? When? For whom?
Where? At whose place?
With whom? Why? Which day?

4 «Quand» et «fréquence»

a Regarde «Quand?» et «Fréquence».
Est-ce que tu comprends le vocabulaire?

message X

None of this vocabulary is new and it is very useful. Use it whenever you can!

Quand?	Fréquence
maintenant – aujourd'hui – demain	ne . . . pas
le matin – ce matin	ne . . . jamais
à midi – à minuit	rarement
l'après-midi – cet après-midi	quelquefois
le soir – ce soir	souvent
la nuit – le jour	toujours
la semaine – la semaine prochaine	une fois
le week-end – le week-end prochain	encore une fois
le mois prochain – jusqu'à	une fois par jour
avant – après – pendant	deux heures par jour
à quelle heure? – à trois heures	deux heures par semaine
lundi – le lundi matin	deux heures par mois
en janvier – le 29 janvier	

b Ecoute les phrases **1–12** et, pour chaque phrase, note l'expression de temps (the time phrase).

Exemple

1 Je n'aime pas aller au collège le lundi matin. J'ai maths et musique.

→ *1 le lundi matin*

c Oralement, à deux, entraînez-vous à compléter chaque phrase (**1–6**) avec une possibilité . . . ou plus, à l'aide de «Quand?» et «Fréquence».

1 D'accord. Je vais répéter **?** .
2 J'ai oublié mon livre, alors **?** je dois partager avec toi.
3 Mon anniversaire est **?** .
4 Faites du sport! Entraînez-vous **?** .
5 Mes parents ne vont **?** en ville **?** .
6 **?** , je vais faire des devoirs **?** .

d Utilise **1–6** pour écrire au moins dix phrases.

9

Making the most of new language

1 Regarde Céline et écoute Valentin, qui imagine comment elle est. Il mentionne quelles catégories (**A–J**)?

A personnalité
B boire et manger
C loisirs
D copains ou copines
E parents
F télévision
G collège
H maison ou chambre
I ville ou village
J frères et sœurs

2 Et maintenant, à toi. Comment est-ce que tu imagines le petit frère de Céline?
Préparation: entraînez-vous oralement à deux ou plus.
Objectif: parler seul au moins 90 secondes.

message

- Tu dois parler sans notes, mais tu peux utiliser la liste **A–J** (activité **1**) comme guide.
- Si la liste est trop longue, ou si tu préfères un ordre différent, tu peux réécrire la liste.

3 Ecoute les phrases **1–12:** elles sont au présent (**P**) ou au futur (**F**)?

message

- Ecoute les verbes . . . mais écoute aussi les expressions de la page 109 («Quand?» et «Fréquence»).
- On utilise le présent pour maintenant, mais aussi pour la routine, l'habitude (habit).

4 **a** Lis le message et réponds à **1–7** par «oui», «non» ou «peut-être».

1 Est-ce que Hugo écrit son message en mai?
2 Est-ce qu'il va inviter beaucoup de personnes pour son anniversaire?
3 Est-ce qu'il a une opinion positive de sa grand-mère en ce moment?
4 Est-ce qu'il va inviter Magalie?
5 Est-ce que la mère de Hugo va faire un gâteau pour son anniversaire?
6 Comme cadeau, est-ce que Hugo va avoir quelque chose pour écouter de la musique?
7 Est-ce que Valentin répond toujours vite aux messages de Hugo?

Cher Valentin,

Merci pour ta carte, mais mon anniversaire est le 3 juin, pas le 3 mai: encore un mois!

Est-ce que je vais faire une boum pour mon anniversaire le mois prochain? Oui et non. J'aimerais beaucoup inviter beaucoup de copains, par exemple mes copains de classe et mes copains de judo, mais je vais seulement inviter mes trois cousins et mes deux voisins parce mon appartement est très petit et parce que ma grand-mère habite avec nous en ce moment. Ah, ma grand-mère! Le résultat: nous ne devons pas être trop bruyants: ce n'est pas drôle.

Je voudrais inviter Magalie, mais je ne peux pas inviter seulement une fille. En plus, mon copain Jules aussi aime bien Magalie, alors je ne sais pas, je vais voir. A ton avis, qu'est-ce que je dois faire?

Le jour de mon anniversaire, ma mère va travailler, mais ma sœur va préparer quelque chose à manger pour nous. A mon avis, elle va faire des sandwichs, des hamburgers, des hot-dogs (on aime les choses simples ici!), mais je ne sais pas si elle va faire mon gâteau au chocolat préféré.

Comme cadeau, à la maison, je vais avoir des rollers ou de l'argent. Moi, je voudrais bien de l'argent. En ce moment, j'ai 75€ mais je voudrais 30 ou 40€ en plus pour changer ma platine laser. On va voir!

Réponds-moi plus vite cette semaine!

Hugo

b Imagine que tu es Valentin. Réponds à Hugo en 30–40 mots.

5 Invente une conversation. Le thème: on prépare une boum.

message **X**

- Tu peux écrire un dialogue en deux ou trois sections, par exemple:
  - un mois avant la boum
  - une semaine avant la boum
  - 24 heures avant la boum
- Relis les conversations p102 et p104 pour trouver des idées.

On mange!

7h 8h 9h		Pour le petit déjeuner, on boit un bol de café noir, de café au lait, de thé ou de chocolat chaud. Les enfants aiment beaucoup boire du chocolat et les adultes préfèrent le café. Le thé est plus rare. On mange souvent des tartines ou des biscottes avec du beurre et du miel ou de la confiture, mais les céréales sont aussi de plus en plus populaires.
10h		
11h		
12h 13h 14h		Le déjeuner est un repas plus ou moins complet: ça dépend des circonstances. Souvent, au travail ou à l'école, la pause-déjeuner est plus longue en France . . . parce que manger est très important pour les Français! On déjeune à la maison, à la cantine, au restaurant, dans un café ou dans un «fast-food».
15h		
16h 17h		Le goûter est important pour les enfants après l'école parce que le dîner est quelquefois après 8h. Souvent, quand ils rentrent à la maison après l'école, les enfants ou les adolescents mangent du pain avec du chocolat ou du fromage, mais ça peut varier. Par exemple, on peut manger des biscuits, des croissants, des pains au chocolat, des yaourts ou des fruits.
18h		
19h 20h 21h		En général, le dîner est un repas familial assez complet. Le dîner traditionnel, c'est: • de la soupe; • de la viande, des œufs ou du poisson; • des pommes de terre, des pâtes ou un légume; • une salade verte et/ou du fromage; • un dessert ou un fruit.

Flash 1

Boums – Beaucoup de maisons françaises ont un grand garage . . . sous la maison. C'est idéal pour les boums!

Flash 2

400 000 Français sont allergiques à un aliment* ou plus.

Les allergies sont plus rares chez les adultes, mais huit enfants sur 100 sont allergiques à un aliment. Pourquoi les enfants en particulier? Parce qu'ils commencent à manger des aliments variés trop tôt*. La conséquence: des problèmes du système digestif.

Pour le moment, il n'existe pas de solution-miracle. On cherche un vaccin aux Etats-Unis, mais les résultats ne sont pas rapides.

Est-ce que les allergies sont héréditaires? Probablement pas, mais on n'est pas sûr.

Glossaire
un aliment = a food product
trop tôt = too soon, too early

Déjeuner à la cantine

Dans les écoles* françaises, un enfant sur deux (50%) mange à la cantine. Au total: plus d'un milliard* de repas* par an!

Il existe deux types de cantines: les cantines traditionnelles et les cantines «industrielles».

Dans les cantines traditionnelles, les écoles préparent les repas. Dans les cantines industrielles, les écoles achètent des repas préparés à l'extérieur.

Un problème: la majorité des enfants n'aiment pas beaucoup la cantine – ils préfèrent les repas de maman. Les repas de papa? . . . Rarement. Mais les cantines font beaucoup d'efforts, et la qualité nutritionnelle des repas est un avantage.

Composer un menu n'est pas facile. Une qualité exceptionnelle avec un budget limité, c'est quelquefois très difficile.

Glossaire
une école = a school
un milliard = a billion
un repas = a meal

10 Finie, la boum!

La boum, c'était bien?

Learning objectives

Asking for and giving opinions about past events (*C'était . . .*)
Saying what you did (at a party)
The perfect tense of regular *-er* verbs with *j'ai . . .*
Recognising past and present in listening (eXpress)

1 C'est le dimanche après la boum de Coralie. C'était bien?

Ecoute **1–8** et dessine ,  ou .

Exemple 1 – C'était bien, la boum?

– C'était super! 

> **message**
> - C'est = 'It is' or 'it was'?
>   C'était = 'It is' or 'it was'?
> - Before going back to la boum (activité **2**), practise with your teacher (eXpress).
> - You can say La boum, c'était bien? or C'était bien, la boum?

2 **a** Traduis **1–4** à l'aide de **a–h**.

	A la boum, . . .
1 until	**a** J'ai dansé jusqu'à 11 heures.
2 a videoclip (*m*)	**b** J'ai invité Camille chez moi.
3 to meet (*inf*)	**c** J'ai regardé des vidéoclips.
4 karaoke	**d** J'ai écouté les CD de Coralie.
	e J'ai parlé avec Christine.
	f J'ai rencontré Clara.
	g J'ai regardé une cassette vidéo.
	h J'ai chanté au karaoké.

b Invente des phrases avec les traductions **1–4**.
Exemples

Est-ce que je peux lire jusqu'à 10h?

Je regarde souvent la télévision jusqu'à 11h.

c Ecoute **1–8** et place **a–h** dans l'ordre exact.
Exemple 1 J'ai écouté les CD de Coralie. *1d*

grammaire

3 Le passé composé The perfect tense

Regarde la différence:

Je chante = I sing/I am singing (présent present)
BUT: J'ai chanté = I sang (passé composé perfect)

J'ai = I have (J'ai un frère) ⟵ J'ai on its own
BUT: J'ai chanté = I sang ⟵ J'ai + *-er* verb with *-é* ending

A toi!

a Prononciation: regarde **a–h** (activité **2**), écoute le professeur et répète.

b Entraînez-vous oralement à deux.

J'ai parlé . . .

avec Christine!

4 **a** Adapte les phrases de l'activité **2**: change la fin
Exemple: **a** ***J'ai dansé avec la copine de Ryan.***

b Lis les phrases de ton/ta partenaire: ça va?

message

C'est difficile?
⟶ feuille **1A**

5 **a** Lis la lettre et recopie les verbes en deux colonnes: passé et présent.

Cher Yannick,
J'ai adoré la boum de Coralie dimanche!
J'aime bien Coralie parce qu'elle est très amusante et elle invite souvent les copains.
Avant sa boum, samedi, j'ai aidé Coralie dans la cuisine et j'ai écouté un CD de LOUISE ATTAQUE. C'est un groupe super, non? Est-ce que tu aimes la photo?
Pour la boum, j'ai acheté un CD pour Coralie et du coca pour les copains. Moi, je préfère le jus de fruit, mais Coralie trouve que ce n'est pas très cool!
A la boum, j'ai dansé avec les copains et j'ai chanté avec Stéphane au karaoké. J'ai rencontré le cousin de Coralie: il a 15 ans et il s'appelle Tom. Il est sympa mais assez timide. Le résultat? J'ai beaucoup parlé!
Dimanche, j'ai déjeuné chez mes grands-parents et, l'après-midi, j'ai regardé des vidéoclips américains un peu bizarres chez Stéphane.
Ah! J'ai invité des copains chez moi pour le 28 juin (un samedi). Tu viens?
Grosses bises de ta copine!
Pénélope

b Ecoute la lettre et entraîne-toi à la lecture à haute voix.

La boum? C'était super!

Learning objectives

Asking someone what he or she did (at a party)
More on saying what you did
The perfect tense of regular *-er* verbs with *tu as . . .*

1 Ecoute les questions **1–12**, regarde les dessins et réponds oui ou non.

Exemple 1 Tu as surfé sur Internet? → ***oui***

grammaire

Le passé composé **The perfect tense**

- Saying or asking what someone did (regular *-er* verbs):
  You helped Coralie. Tu as aidé Coralie.
  Did you help Coralie? Tu as aidé Coralie? Est-ce que tu as aidé Coralie?
- Use *tu as* + verb with *-é* ending instead of the *-er* ending of the infinitive.
- Pronunciation: *-é* = *-er*.

2 Jouez à deux, à tour de rôle, avec la feuille **2** (un paquet de cartes par personne). C'est difficile? Regarde la feuille **1B**.

Le joueur **A** prend une carte au hasard (at random) …

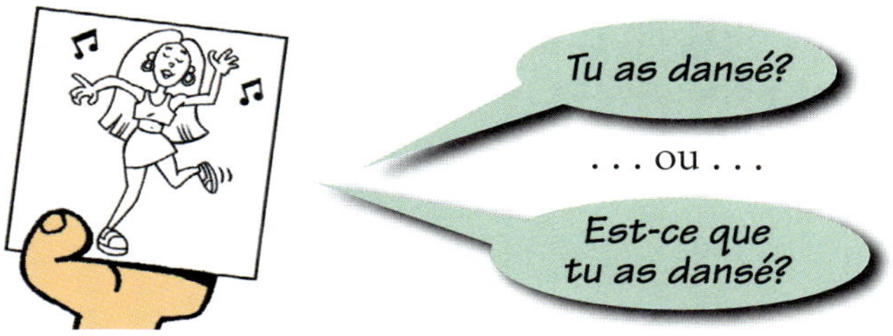

Le joueur **B** prend une carte au hasard et répond.

3 **a** Ecoute **1–12**. C'est où?
Ecris **C** (= au collège), **V** (= en ville) ou **S** (= au supermarché).

b Entraînez-vous à deux, à tour de rôle: faites des questions au passé composé à l'aide de la liste.

Exemple:

Commencer l'exercice – Regarder l'offre spéciale – Rencontrer Max au bowling – Demander au prof de géo – Aimer le rayon musique – Regarder en salle 12 – Chercher au rayon boucherie – Aimer la librairie – Acheter des conserves – Trouver la pharmacie – Demander à la poste – Ecouter les instructions – Manger au café devant le cinéma – Trouver la craie – Trouver les surgelés

c Ecris les questions (huit questions minimum).

10 Chez Coralie après la boum

Learning objectives

Saying what someone else did (*Il a . . . / Elle a . . .*)
Introduction of some non *-er* verbs in the perfect tense
Using context to work out new grammar

1 Regarde et écoute le dialogue. Coralie est positive ou négative?

Père – Coralie, c'était bien, ta boum?
Coralie – Bof . . . ouais . . . Ohhh! J'ai mangé trop de sandwichs et j'ai bu trop de coca . . .
Père – Astrid a aimé ta boum?
Coralie – Oui, mais au karaoké elle a chanté avec Yannick, pas avec moi! Et dans ma chambre, elle a lu mon journal!
Père – Et . . . c'est une copine? C'est bizarre!
Coralie – Ah, ça . . . Papa! J'ai perdu une peluche! Est-ce que tu as vu mon lapin en peluche?
Père – Non. Est-ce que tu as regardé sous tes placards?
Coralie – C'est Astrid! Elle a pris mon lapin!
Père – Elle adore les lapins, c'est vrai . . .
Coralie – Ah, et Samuel!
Père – Qu'est-ce qu'il a fait?
Coralie – Il a joué deux heures sur mon ordinateur!
Père – Sur ton ordinateur?
Coralie – Ouais! Il a refusé de danser.
(*Téléphone: dring! . . . dring! . . .*)
Père – Coralie, c'est Samuel. Il a oublié son sac dans ta chambre. Il peut venir cet après-midi?
Coralie – Cet après-midi? Non, je travaille!
Père – Mais tu as fini tes devoirs vendredi, non?
Coralie – Euh . . . non. Et j'ai eu six sur 20 en histoire . . .

2 Fais **1–14** à l'aide des exemples, du dialogue p118 . . . et de ton expertise!

Exemple **1** I sang = ***j'ai chanté*** *Exemple* **6** I drank = ***j'ai bu (boire)***

Passé composé

1 I sang = ?
2 you sang = ?
3 he sang = ?
4 she sang = ?
5 Coralie sang = ?

Passé composé et infinitif

6 I drank = ?
7 I read = ?
8 I lost = ? (perdre)
9 I saw = ?
10 I took = ?
11 I did = ?
12 I refused = ?
13 I finished = ?
14 I had/I got = ?

grammaire

Le passé composé **The perfect tense**

- Now you can use *-er* verbs in the perfect tense singular.

j'**ai** mangé	I ate
tu **as** mangé	you ate
il **a** mangé	he/it ate
elle **a** mangé	she/it ate
Max **a** mangé	Max ate
on **a** mangé	one/we ate

Note the different number of words used in English and in French when using verbs in the past.

- You have also discovered that, unlike *-er* verbs, other verbs used in the past can look very different from their infinitives.

Check your answers to **6–14** (activity **2**) in *AnneXe* p22.

3 **a** Ecoute les questions **1–10** et réponds **C** (Coralie), **A** (Astrid) ou **S** (Samuel).

Exemple

1 Qui a refusé de danser? *1S*

b Ecoute et écris la phrase sur Astrid.

c Ecris une phrase sur Coralie et/ou une phrase sur Samuel.

4 **a** Entraîne-toi à lire le dialogue p118 à l'aide de la cassette.

b A deux, improvisez un dialogue sur la feuille **3**. Ne regardez pas le dialogue p118.

10

reinforcement...recycling...extension...

Learning objectives

Stocktake on the perfect tense
Recognising past, present and future in listening
Recognising the perfect tense in a variety of topics

grammaire X

1 Le passé composé — The perfect tense

- Past tenses describe, for example, what you did, what you used to do or what you have done.
- The perfect tense as introduced in this unit describes what you or others did: 'I danced', 'you drank', 'she played', etc.
- The special verb form used to make it is called a past participle (*un participe passé*). Every verb has a past participle. For example, *mangé* is the past participle of *manger*.

A toi!

1. Explain in your own words how to make up *le passé composé* (singular only). If you can't, check in *Grammaire X* p119 and *AnneXe* pp22–23.
2. Does *mangé* appear as an entry in your dictionary? Why/why not, do you think?
3. Does *bu* appear as an entry in your dictionary? Why/why not?
4. Explain this dictionary entry:

   rent
   lu VERB *see* **lire**
   la **lucarne** NOUN
   skylight

5. Explain this entry, from a different dictionary:

   loyer [lwaje] *nm* rent
   lu, e [ly] *pp de* **lire**
   lubie [lybi] *nf* whim, craze

2 Passé, présent, futur

Regarde et écoute **1–8**: tu entends **a**, **b** ou **c**?

	a Le passé	b Le présent	c Le futur
1	J'ai mangé	Je mange	Je vais manger
2	J'ai travaillé	Je travaille	Je vais travailler
3	Tu as dansé?	Tu danses?	Tu vas danser?
4	Tu as pris le bus?	Tu prends le bus?	Tu vas prendre le bus?
5	Il a lu *Astérix*?	Il lit *Astérix*?	Il va lire *Astérix*?
6	Elle a bu	Elle boit	Elle va boire
7	J'ai fait une pizza	Je fais une pizza	Je vais faire une pizza
8	Tu as dessiné?	Tu dessines?	Tu vas dessiner?

3 Le passé . . . et le reste

Ecoute **1–8** et dessine ← (passé), ! (présent) ou → (futur).

Exemple 1 Tu vas lire ce soir?
Toi: *1 →*

4 C'est quelle bulle?

a Fais correspondre les bulles et les dessins.

> ***message* X**
>
> This shows you how you can apply *le passé composé* to many topics you have learnt so far.

a Pourquoi est-ce que tu as changé de place?

b Maman! J'ai perdu Félix! Est-ce que tu as vu Félix?

c Tu as fini ton déjeuner, Francine?

d Devine! J'ai vu Mlle Vasseur en ville avec le prof de maths!

e Moi aussi j'ai deviné, mais Xavier a donné la réponse avant moi!

b Invente un dessin avec une bulle au passé composé. Utilise un verbe (ou plus!) au choix.

aimer	manger	changer	donner	deviner
travailler	chanter	jouer	oublier	refuser
regarder	finir	perdre	boire	faire
lire	avoir	voir		prendre

> ***message* X**
>
> Avoid negatives, because you haven't yet practised *le passé composé* in the negative.

Making the most of new language

1 Dis le poème à l'aide de la cassette.

Les deux Dominique

J'ai placé le téléphone dans ma chambre
J'ai refusé d'aller chez mes copains
J'ai lu trois fois mon magazine-télé
J'ai refusé d'aller en bas dîner
J'ai oublié de regarder *Neighbours*
J'ai refusé de sortir mon chien Patch
. . . Mais Dominique n'a pas téléphoné!

2 A deux, entraînez-vous oralement avec **1–6** (questions et réponses!).

1 Qu'est-ce que tu as mangé ce matin?
2 Qu'est-ce que tu as bu ce matin?
3 Qu'est-ce que tu as fait samedi?
4 Qu'est-ce que tu as regardé à la télévision dimanche?
5 Qu'est-ce que tu as fait ce matin (en histoire/ musique . . .)?
6 A quelle heure est-ce que tu as fait tes devoirs (lundi/mardi . . .)

message

C'est difficile? Ecoute le modèle sur cassette.

Donne des réponses vraies ou inventées.

3 A deux, entraînez-vous oralement avec **1–8** (minimum cinq phrases au choix).

Exemple

1 Numéro 1?

Steven a oublié son stylo.

1 A classmate of your choice forgot something (decide what).
2 Your teacher lost your exercise book.
3 A classmate looked at your homework.
4 A classmate ate your sandwiches.
5 You forgot something (decide what) in room 23.
6 You finished your homework before breakfast.
7 You saw a French film on Sunday.
8 A friend had three CDs for his/her birthday.

message

Following on from activity **4** p121, this gives you the opportunity to apply the *passé composé* to a variety of topics learnt so far.

4 Fais les activités **2** et **3** p122 par écrit.

5 **a** Regarde les dessins et écoute le modèle. Ne prends pas de notes.

b Ecris un paragraphe au passé composé à l'aide des dessins.

Samedi après-midi, au supermarché, . . .

message X

- Write in the 1st or 3rd person singular.
- Because you don't yet know many past participles, only use verbs from this list.
  acheter – trouver – regarder – prendre – quitter – rencontrer – manger – boire
- Try to add variety to your sentences. Examples:
  – *devant/derrière . . .*
  – *c'était* + adjective to give an opinion
  – *à trois heures, . . .*
- Don't use negatives: you haven't yet practised them in the *passé composé*.

10 Qu'est-ce que tu as fait?

La culture hip-hop

A Paris, dans le quartier de la Villette, un festival a célébré les «cultures urbaines» en général, et le hip-hop en particulier. Quelle est l'origine du rap et du hip-hop?

Le rap a commencé à New York dans les années 70, pour dénoncer le racisme et l'injustice. Une section du mouvement rap a utilisé la rébellion et la violence, mais une autre section, la culture hip-hop, a encouragé la solidarité. Par exemple, la «Zulu nation», un mouvement de rap américain, a essayé de décourager la violence.

Très vite, dans les cités, la France a adopté le rap et sa culture: sa danse, sa musique et son style de vêtements. On a inventé un code rap: un langage basé sur le français, mais avec des mots différents. En France aussi, les deux tendances existent: la tendance «hardcore» et la tendance «non-violents».

teXto

Spécial Guyane: la Légion étrangère

En Guyane française (voir p65), à Kourou, il y a un régiment de la Légion étrangère*: le 3e régiment étranger d'infanterie.

La Légion étrangère, une formation militaire très spéciale, existe depuis* 1831. Les légionnaires sont français ou étrangers. Ils ont entre 18 et 40 ans.

La Légion étrangère participe à des conflits sur toute la planète: Mexique, Afrique du Nord, Algérie . . . Depuis 1831, 30 000 légionnaires sont morts* pour la France.

Les légionnaires de Guyane française sont spécialistes du combat en forêt dense: la forêt équatoriale est idéale. Avec des canons de 20mm et des missiles Mistral, ils apprennent aussi le combat anti-aérien*.

La Légion étrangère a des traditions très particulières (chansons, etc.), et la discipline est extrêmement stricte. Les légionnaires sont des combattants* avec une réputation excellente.

Souvent, les légionnaires ont un passé* secret (activités criminelles, prison . . .). Un légionnaire a un contrat de cinq ans minimum, et il n'est pas obligé de donner sa vraie identité: c'est une personne anonyme. A la fin de son contrat, il peut demander automatiquement la nationalité française. Il peut aussi choisir un nom différent. L'avantage? Le passé*, c'est fini!

Glossaire

la Légion étrangère = the French Foreign Legion
depuis = since
sont morts = have died
anti-aérien = anti-aircraft
un combattant = a fighter
le passé = the past

A Loisirama

Learning objectives

Asking for information and making requests (recycling)
Applying the rules of pronunciation to new words
Coping with unfamiliar language (words resembling English)

Hugo et sa classe arrivent à Loisirama, un immense parc de loisirs. Hugo commence à préparer une cassette pour son projet.

1 **a** Recopie **1–8** et écoute Hugo. Tu entends un mot (**1–8**)? Coche-le!

1 loisirs	**2** village	**3** nord	**4** sud
5 maths	**6** demain	**7** semaine	**8** derrière

b Ecoute Hugo encore une fois et réponds aux questions **1–4**.

1. Il y a combien de personnes dans sa classe?
2. Combien de professeurs sont à Loisirama avec Hugo et sa classe?
3. Où est le bloc pour dormir?
4. Est-ce que c'est bien pour dormir? Explique.

2 **a** Traduis les mots **en caractères gras** à l'aide des bulles, puis vérifie dans *AnneXe*.

Un plan *... C'est nécessaire quand on ne connaît pas une ville. Par exemple, sur le plan d'une ville, il y a les rues, les parkings, etc.*

Un dépliant *... C'est une petite brochure, par exemple pour les touristes. Souvent, il y a un plan et des détails, par exemple sur les attractions d'une ville.*

Une carte postale *... Quand on fait du tourisme, on écrit souvent des cartes postales. Devant, il y a une photo ou un dessin, et derrière, on peut écrire.*

Un timbre *... Quand on écrit une lettre ou une carte postale, on doit mettre un timbre. On peut acheter des timbres à la poste. On peut aussi collectionner les timbres.*

Un souvenir *... Souvent, quand on visite une ville ou un pays, on achète des souvenirs pour la famille ou pour les copains.*

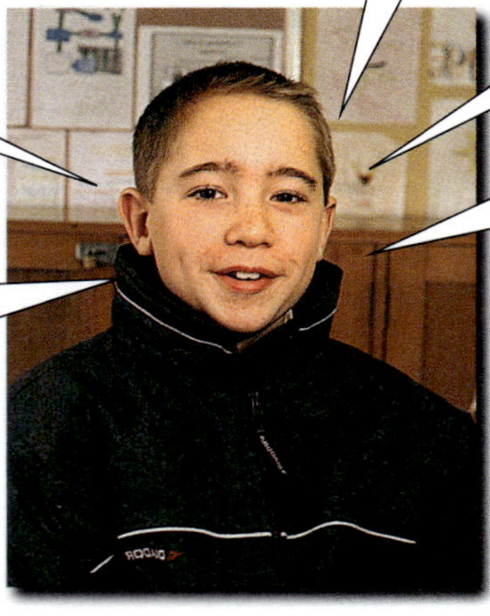

b Avec ta classe, devine comment prononcer les mots en caractères gras.

message X

By now you should now know enough about the rules of French pronunciation to make sensible guesses.

3 **a** Regarde le dépliant et fais deux listes à l'aide d'un dictionnaire:

recopie les trois choses les plus intéressantes pour toi;

recopie les trois choses les moins intéressantes.

b Regarde le dépliant, écoute **1–8** et note les deux lettres.

Exemple

1 Moi, je veux aller au bowling et au stade.

1 F, E

c Devine comment prononcer les mots du dépliant.

4 Imagine: tu arrives à Loisirama avec Hugo et sa classe. Oralement, à deux ou plus, entraînez-vous à poser un maximum de questions à l'aide de **1–12**.

1 Est-ce qu'on peut . . . ?	**7** Comment est-ce qu'on peut . . . ?
2 Où est-ce qu'on peut . . . ?	**8** Est-ce qu'il y a . . . ?
3 Est-ce qu'on doit . . . ?	**9** Comment est/sont . . . ?
4 Où est-ce qu'on doit . . . ?	**10** Qu'est-ce qu'on peut . . . ?
5 A quelle heure est-ce que/qu' . . . ?	**11** Qu'est-ce qu'on va . . . ?
6 Est-ce que vous avez . . . ?	**12** Rendez-vous à quelle heure pour . . . ?

message X

- Phrases **1–12** are not new. They can help you construct dozens of sentences.
- Here are a few new verbs you might like to use.
  - téléphoner (à . . .) = to phone
  - utiliser = to use
  - emprunter = to borrow
  - envoyer = to send
  - organiser = to organise
  - préparer = to prepare
- To refresh your memory about other verbs, use *feuille* **1**.

11

Programme varié

Learning objectives

Discussing what to do (sports): making suggestions and decisions
Coping with unfamiliar language (words resembling English)
Drawing conclusions in reading

1 Ecoute **1–10** et fais  ou  .

Exemple 1 Au restaurant américain, on peut faire du karting. → 

2 **a** Compare la bulle avec la cassette.
A chaque différence, lève le doigt. 

Amandine veut faire de l'équitation . . . Ahmed voudrait pêcher . . . Sonia va faire du roller . . . Julien voudrait faire du karting . . . Magalie veut faire de la voile . . . Cédric va jouer au ping-pong . . . Fatima préfère faire du cyclisme . . . Yannick veut faire de la natation . . . Anita va faire du patin à glace . . . et Smaïn préfère faire de l'athlétisme! Alors moi, qu'est-ce que je vais faire?

b Relis la bulle, regarde les dessins et écris les paires.
Exemple **Amandine: F**

A

B

C

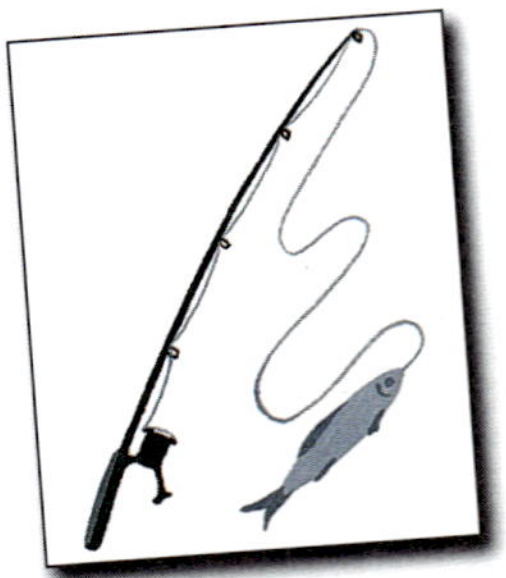
D

E

F

G

H

I

J

c Qui veut faire quel sport? Regarde la bulle 15 secondes, puis cache la bulle et écoute ton professeur: c'est vrai ou faux?

d Faites **2c** à deux ou plus.

3 Pour chaque personne (**1–6**), choisis le sport idéal (voir activité **2**).

Exemple

1 Alice peut faire . . .

message X

Tu peux seulement chercher six mots dans le dictionnaire: choisis bien!

1 Alice n'aime pas la vitesse, elle est très patiente, elle adore les activités calmes et elle aime beaucoup l'eau.

2 Matthieu adore le bruit et la vitesse, il aime la mécanique et il adore les compétitions.

3 Elisa n'aime pas le bruit ou la vitesse, elle aime l'espace et la liberté, elle n'aime pas nager et elle déteste les poissons, mais elle aime beaucoup l'eau.

4 Jessica n'aime pas beaucoup l'eau, elle n'aime pas du tout les chevaux, elle n'est pas patiente, elle a des problèmes d'équilibre et elle aime les sports de précision.

5 Ramiro n'aime pas l'eau, il aime la vitesse et les compétitions, il n'a pas de problèmes d'équilibre et il adore les animaux.

6 François n'aime pas courir, il n'aime pas les animaux, il n'est pas patient, mais il aime la vitesse et les longues distances.

4 Imagine que tu es à Loisirama.

a A deux, continuez le dialogue par écrit.

– Tu viens faire de l'équitation avec nous cet après-midi?
– De l'équitation? A quelle heure?
– Entre 14h et 15h30.
– Bof, je ne sais pas. Je voudrais . . .

b Jouez le dialogue oralement.

message X

The beginning of this dialogue recycles useful words and structures such as *Tu viens . . .* ?, *cet après-midi* and *entre*. Do the same: show off what you know!

Qu'est-ce que tu as acheté?

Learning objectives

Saying what you bought
Adjectives of colour (continued in eXpo)
Recycling of useful sentence markers

Au magasin Loisirama . . .

1 
un tee-shirt

2 
une casquette

3 
une montre

4 
des baskets

5 
des lunettes

1 **a** Entraîne-toi à apprendre le vocabulaire **1–5** avec ton prof.

b Ecoute le dialogue. Tu entends un mot de **1–5**? Lève le doigt!

c **1–5**, ça fait combien au magasin Loisirama? Réponds à l'aide de la bulle.

8€ | 12€ | 25€ | 34€ | 59€

Exemple **1 un tee-shirt = ? €**

Avec 20€, tu peux acheter une casquette ou un tee-shirt. Avec 30€, tu ne peux pas acheter une montre. Tu dois avoir plus de 10€ pour acheter une casquette. Avec 40€, tu peux acheter une montre, mais pas des baskets. Tu peux acheter des lunettes avec moins de 30€.

2 Jouez avec les cartes de la feuille **2** (deux à cinq joueurs). Objectif: finir le jeu avec un minimum de cartes.

message X

- Player **A** picks a card and describes it to player **B** . . . telling the truth or not.

  Example

  B *Qu'est-ce que tu as acheté?*

  A *J'ai acheté un tee-shirt.*

  B *C'était cher?*

  A *J'ai payé 25€.*

- If player **B** chooses to say nothing, player **A** returns the card to the pack and it is now player **B**'s turn to pick a card.
- BUT . . . if player **B** chooses to say *C'est du bluff!*, either he is right and player **A** must keep his card, or he is wrong and he must take player **A**'s card.

3 Qu'est-ce que Hugo et ses copains ont acheté? Et de quelle couleur?

a D'abord, apprends les couleurs à l'aide du poème.

Multicolore

Jaune comme un canari . . .
Rouge comme une fraise . . .
Bleu comme l'océan . . .
Noir comme la nuit . . .
Vert comme une plante . . .
Gris comme une sardine . . .
Orange comme une carotte . . .
Marron comme le chocolat . . .
Blanc comme l'aspirine . . .
Et le reste? Ça peut attendre!

b A l'aide d'un dictionnaire si nécessaire, écris *ton* poème sur les couleurs.

4 **a** Lis la lettre de Hugo et recopie les 14 adjectifs de couleur.
Exemple **rouge, noires, . . .**

message

The spelling of the colours can vary. Why? More on this in e*X*po!

Chers parents,

Loisirama, samedi 10 juin

C'est super, ici. Aujourd'hui, après la piscine, j'ai fait du shopping. D'abord, j'ai acheté un tee-shirt rouge avec un dessin de Bart Simpson et j'ai payé 8€: ce n'était pas très cher. Après, j'ai acheté des lunettes noires parce que j'ai perdu mes lunettes bleues. J'ai payé 25€. C'était cher, mais elles sont géniales. J'ai aussi acheté une casquette verte et grise pour 12€. En plus, je voudrais acheter des baskets blanches et orange, mais j'ai seulement 8€. Ce n'est pas assez!

Mon copain Ahmed a acheté une montre rouge et une casquette marron. Je n'aime pas beaucoup le marron. Il voudrait aussi acheter des baskets bleues et noires ou un sac de sport jaune et vert, mais il a perdu 20€ à la piscine et maintenant, il n'a pas assez d'argent.

Bonjour à mon chien!

Hugo

b Réponds ✓ ou ✗ aux questions **1–8**.

1 Hugo has bought three things.
2 He spent 53€ altogether.
3 He is going to buy trainers.
4 He only has 8€ left.
5 He found the glasses expensive.
6 He bought blue glasses.
7 Ahmed has lost some money.
8 Ahmed can't buy a sports bag.

c Fais la feuille **3**.

reinforcement...recycling...extension...

Learning objectives

- Looking up English nouns
- Revision: where things are
- Adjectives of colour
- Spotting past, present and future

1 Dictionnaire

Ecris une liste bilingue (**1–6**) à l'aide d'un dictionnaire.

1 **a key ring**

un p___-c___

2 **a racket**

une r___

3 **a badge**

un b___

4 **a wallet**

un p___

5 **a purse**

un p___-m___

6 **a pack of cards**

un j___ de c___

2 Révision: Où?

a Vérifie que tu comprends bien les expressions.

Où?

ici	dans	en (France)	dans le sud (de)
là	avant	au (Canada)	dans le nord (de)
devant	après	à (Paris)	dans l'ouest (de)
derrière	en haut	à gauche (de)	dans l'est (de)
entre	en bas	à droite (de)	tout droit
sur	loin (de)	en face (de)	chez
sous	à 20 km (de)	à côté (de)	au/à la/à l'/aux

b Fais la feuille **4A**.

c Ecoute les phrases **1–10** et, pour chaque phrase, note l'expression de l'encadré (the box).

Exemple 1 J'habite dans le nord de Paris.

→ *1 dans le nord*

3 Les adjectifs de couleur

grammaire

As you already know, not all adjectives follow the same pattern.
Look at the grid and explain the *Notes* (last column) in English in your own words.

ms	*fs*	*mpl*	*fpl*	*Notes*
jaune	jaune	jaunes	jaunes	= calme, etc.
rouge	rouge	rouges	rouges	= calme, etc.
bleu	bleue	bleus	bleues	✓
noir	noire	noirs	noires	✓
vert	verte	verts	vertes	✓
gris	grise	gris	grises	= français, etc.
orange	orange	orange	orange	invariable
marron	marron	marron	marron	invariable
blanc	blanche	blancs	blanches	irrégulier

A toi!

a Entraîne-toi à prononcer les couleurs **1–3** à l'aide de la cassette.

1	vert – verte – verts – vertes
2	gris – grise – gris – grises
3	blanc – blanche – blancs – blanches

message

Les autres couleurs sont faciles à prononcer!
Exemple noir = noire = noirs = noires

b Complète les phrases de la feuille **4B**.
Attention à la terminaison (ending) des adjectifs!

4 Passé, présent et futur

a Lis **1–12** et écris «passé» (past), «présent» ou «futur».

1 J'ai perdu ma montre.
2 Elle va acheter des lunettes.
3 Nous mangeons très bien.
4 Tu es toujours fatigué!
5 Il a fait de l'équitation?
6 Vous allez danser ce soir?
7 Le week-end, j'adore pêcher.
8 Tu vas faire de l'équitation?
9 J'ai fait de la voile.
10 Je vais acheter des timbres.
11 J'aime faire de la voile.
12 J'ai acheté des timbres.

b Travaillez à deux.
A dit une phrase (**1–12**) → **B** écoute (sans regarder les phrases!) et dit «passé», «présent» ou «futur».

Making the most of new language

Scénario pour les activités 1–4: tu es à un centre de loisirs en France avec ta classe.

1 Imagine: tu arrives au centre de loisirs.

Ton objectif: poser au moins six questions de ton choix à ton professeur, sans support visuel, sur le centre de loisirs.

Préparation:
– écoute le modèle sur cassette;
– regarde les expressions et les verbes de l'activité **4** p127 (seulement pour la préparation).

2 Ton professeur va poser des questions sur le centre de loisirs.
Ecoute les questions et invente des réponses à l'aide du support visuel.
Préparation: écoute le modèle sur cassette.

Prof – _____
Toi – Non, mais j'ai . . .
Prof – _____
Toi – Bof, . . .
Prof – _____
Toi – J'ai . . .
Prof – _____
Toi – J'ai . . .
Prof – _____
Toi – Oui, j'ai . . . pour . . .
Prof – _____
Toi – Bof, . . .

3 Tu es à l'atelier de poésie (poetry workshop).

a Apprends à dire le poème à l'aide de la cassette.

Ça n'existe pas!

Un éléphant jaune, ça n'existe pas.
Une souris verte, ça n'existe pas.
Un crocodile rouge, ça n'existe pas.
Une tortue blanche, ça n'existe pas.
Un canari noir, ça n'existe pas.
Une girafe grise, ça n'existe pas.
Et pourquoi pas?

b A toi! Ecris *ton* poème: change les noms et les couleurs.
Tu peux chercher des noms d'animaux dans un dictionnaire . . . mais vérifie le genre (gender): masculin ou féminin? «Un» ou «une»?

4 Imagine que tu es à un centre de loisirs avec ta classe.
Ecris à ton correspondant ou ta correspondante à l'aide du support visuel.

- Introduction de ta lettre.
  Voir, par exemple, p35, p115 ou p131.
- Comment s'appelle le centre de loisirs? Il est où? Tu es avec qui?
  Je suis à . . . (name of centre) avec . . .
  C'est . . . (what?) . . . (where?)
- Description du centre de loisirs.
  Utilise des adjectifs (grand, moderne, etc.).
  Utilise des adverbes (assez, très, pas très, etc.).
- Exemples d'activités possibles.
  C'est super pour les loisirs. Par exemple, il y a . . . On peut aussi . . .
  En plus, j'ai vu . . .
- Tes activités le premier jour.
  Utilise le passé composé.
  Où? Avec qui? Quand? (Time phrases; link words)
  D'abord, le matin, . . .
  A midi, . . .
  Après, à 2h, . . .
- Qu'est-ce que tu as acheté?
  Voir, par exemple, vocabulaire p132 (activité **1**).
  Utilise des adjectifs de couleur.
- Conclusion de ta lettre.

Les parcs de loisirs

**Disneyland Paris, le Futuroscope . . .
Les parcs de loisirs? Un vrai boom!
Il existe plus de 70 parcs de loisirs
en France.**

Chaque semaine, 230 000 personnes visitent Disneyland Paris. C'est l'équivalent de la population de Bordeaux ou de Nantes. En plus, les attractions continuent de progresser avec, en 2002, un second parc Disney sur le cinéma.

A Poitiers, dans l'ouest de la France, trois millions de personnes par an* visitent le Futuroscope, ouvert en 1987. Sa spécialité: les technologies modernes.

Chaque région veut avoir son centre d'attractions. Un autre exemple: Vulcania (2001), un centre de loisirs en Auvergne (une région dans le centre de la France), qui a choisi le thème des volcans.

Ouvrir un parc d'attractions, c'est cher! Par exemple, le Parc océanique Cousteau a fermé après trois ans. La raison: pas assez de visiteurs.

Et les attractions du futur? L'idéal, c'est des miniparcs de loisirs, par exemple avec des cinémas ultra-modernes avec des effets spéciaux (des sièges* mobiles, par exemple). C'est facile à construire vite, par exemple dans des hypermarchés.

Glossaire

par an = per year
un siège = a seat

Flash[1]

- Les escargots* français sont champions de vitesse*. Les escargots Bourgogne, en particulier, ont beaucoup de succès dans les compétitions et sont très rapides, avec une vitesse maximale de 0,05km/heure (50 mètres!). Les courses* d'escargots sont très populaires aux Etats-Unis et en Amérique du Sud, où on peut gagner 30 000F (4 575€).
- Avec 450 000 membres dans les clubs, la pétanque est le 3e sport en France.
- Les Français achètent plus de deux millions de VTT* chaque année.

Glossaire

un escargot = a snail
la vitesse = speed
une course = a race
un VTT = a mountain bike

Faire de la voile

Anthony a 16 ans et habite en Bretagne. Depuis l'âge de 13 ans, il fait de la voile et participe à des compétitions avec le club de son lycée.

Normalement, il fait de l'Optimist au lycée une fois par semaine et il s'entraîne avec son club le mercredi et le samedi. En plus, il fait régulièrement des compétitions le dimanche.

Maintenant, il fait aussi du topper: c'est plus grand et plus rapide. Un jour, il voudrait aussi faire du 420 ou du catamaran. Il aime bien les compétitions et il a souvent gagné en Optimist. Maintenant, il voudrait gagner en topper.

Il regarde beaucoup les grandes compétitions à la télévision, par exemple la Route du Rhum, qui traverse l'Atlantique, ou la Coupe de l'America. Son ambition: participer aux Jeux olympiques.

Flash²

En novembre 1999, un Français, Serge Gérard, a traversé l'Australie à pied en 46 jours. Il a fait 3 755 km d'ouest en est, de Perth à Sydney. Le record précédent: 63 jours!

En janvier 2000, une Française de 36 ans, Peggy Bouchet, a fini sa traversée de l'Atlantique à la rame* et en solitaire. Partie d'Afrique le 18 novembre 1999 et arrivée en Martinique le mercredi 5 janvier 2000, elle a voyagé seule pendant 49 jours.

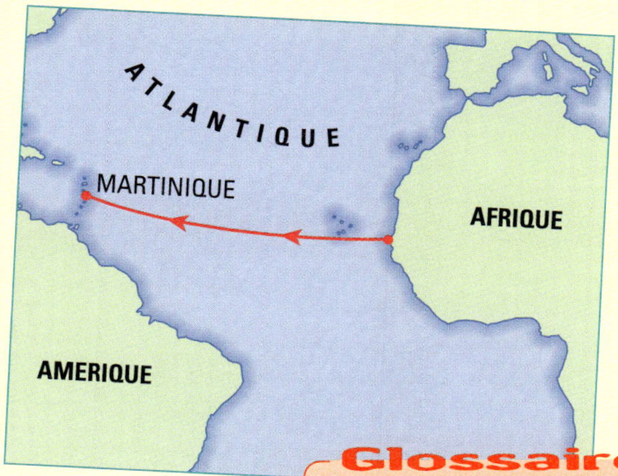

Glossaire
à la rame = rowing

C'est vrai!

Une compétition annuelle dans un village de Bretagne consiste à faire le tour de l'église dans un lit à roulettes!

Un hot-dog, s'il vous plaît

Learning objectives

Recycling the perfect tense in wider contexts (at the café)
Pronunciation: *-r-*
Using the perfect tense of *avoir* verbs with *je/tu* in the negative

C'est le dernier jour: au revoir, Loisirama. Mais 250km pour rentrer, c'est long: on doit déjeuner.

1 Ecoute **1–8** et trouve les deux dialogues ridicules: écris les numéros.

2 Entraîne-toi à décrire **A–D** oralement avec un minimum d'hésitation.

> ***message X***
> j'ai soif = I'm thirsty
> j'ai faim = I'm hungry

A

B

C

D

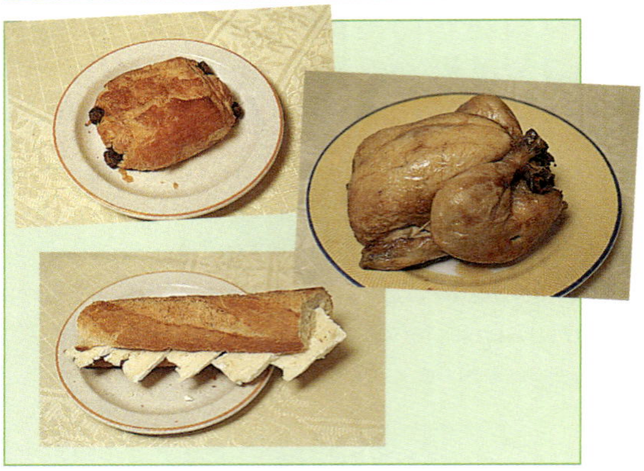

3 Est-ce que tu sais bien prononcer la lettre *-r-*? Entraîne-toi avec la cassette.

1. Je voudrais un hamburger et des frites.
2. Je voudrais une crêpe et un croissant.
3. Regarde la souris dans ma crêpe!
4. Mon hamster préfère les frites.
5. Mon frère Robert a mangé mon croissant!

> ***message X***
> Tu veux t'entraîner plus? Il y a un rap dans *RelaX!* p158.

4 Après le déjeuner, la table de Xavier doit payer.

a Réponds à **1–8** à l'aide de la conversation.

1. Qui ne peut pas payer?
2. Qui n'a pas bu?
3. Qui veut l'argent?
4. Qui a oublié son argent?
5. Qui cherche quelque chose?
6. Qui n'a pas fini son déjeuner?
7. Qui n'a pas aimé quelque chose?
8. Qui ne sait pas combien elle doit payer?

Xavier – Moi, j'ai pris . . . un pain au chocolat et un milk-shake. Et toi, Chloé, qu'est-ce que tu as pris?
Chloé – Moi? J'ai mangé une crêpe.
Xavier – Tu as bu un coca?
Chloé – Ah non, je n'ai pas bu.
Samuel – Ah, Xavier, le coca, c'est moi! Mais je n'ai pas mangé.
Xavier – D'accord. Et toi, Marie?
Marie – Ben . . . j'ai pris du poulet et des frites avec une limonade.
Chloé – Xavier, ça fait combien, ma crêpe?
Xavier – Tu n'as pas regardé?
Chloé – Ben . . . non.
Xavier – Regarde le prix, là.
Samuel – Je ne sais pas pourquoi, je n'ai pas aimé mon coca . . .
Marie – Oh zut! Je n'ai pas apporté mon argent. Il est dans le car!
Xavier – Samuel, c'est toi qui a mangé un sandwich?
Samuel – Ouais, ouais . . . Tu n'as pas vu mon sac?
Chloé – Regarde, il est derrière toi.
Xavier – Marie, tu payes, s'il te plaît?
Marie – Une minute! Je n'ai pas fini mes frites!

b Relis la conversation et recopie les sept verbes négatifs au passé composé.
Exemple ***Je n'ai pas bu***

grammaire

La forme négative au passé composé

- Exemples: J'ai joué → Je n'ai pas joué
  Tu as dansé → Tu n'as pas dansé
- Quelle est la différence avec la forme négative au présent?
- Ecoute ton professeur et change ses phrases: forme positive → négative.

c Jouez la conversation à quatre.

12

Qu'est-ce qu'il a fait?

Learning objectives

Recycling of the perfect tense in the 3rd person singular
Using a wider range of verbs in the perfect tense

1 Regarde la BD: ton professeur va lire des extraits. Pour chaque extrait, trouve le paragraphe (**1–6**) le plus vite possible.

1 Dans le car, Nadia ne parle pas beaucoup. En plus, elle n'a pas déjeuné. Quelquefois, c'est vrai, elle est un peu bizarre. Mais qu'est-ce qui ne va pas?

2 Ah, hier! D'abord, elle a décidé de faire de l'équitation, mais elle n'a pas pu parce que c'est impossible le vendredi matin. Elle a pris des photos, c'est tout.

3 Après, elle a eu un deuxième problème. Elle a décidé de jouer au ping-pong avec Chloé, mais elle n'a pas pu parce qu'elle n'a pas trouvé les raquettes.

4 L'après-midi, elle a été à la piscine pour une compétition avec trois copines de sa classe et un autre collège, mais elle a perdu.

5 Après, elle a essayé de faire du patin à glace, mais elle a eu des problèmes. Elle n'a pas pu faire du patin plus de quatre ou cinq secondes: un désastre!

6 Le soir, elle a été à la discothèque pour le karaoké mais elle n'a pas gagné. Elle a refusé de rester pour danser et elle a lu des BD, seule, dans le dortoir.

2 Recopie et complète la grille à l'aide de la BD.

Infinitif	Participe passé
1 décider de (to decide to)	?
2 ? (to be able to)	?
3 ? (to be)	été*
4 gagner (to win)	?
5 essayer de (to try to)	?
6 ? (to read)	?

message

* Instead of saying 'I went to', 'you went to', 'he went to', people often say 'I was at' (j'ai été à), etc., from the verb 'to be'. More on this in Book 3.

3 Ecoute la BD p140 et regarde bien le texte.
Est-ce que tu comprends bien, maintenant?

4 Cache la BD et complète les phrases **1–10** uniquement à l'aide de ta grille.

1 Nadia a **décidé de/refusé de/aimé** faire de l'équitation.
2 Elle n'a pas **pu/lu/vu** faire de l'équitation.
3 Elle a **vu/pris/eu** des photos.
4 Elle n'a pas **fait/joué/eu** au ping-pong.
5 Elle n'a pas **perdu/pris/trouvé** les raquettes de ping-pong.
6 Elle a **pris/pu/été** à la piscine.
7 Elle n'a pas **été/gagné/perdu** à la piscine.
8 Elle a **été/fait/pris** à la discothèque.
9 Elle a **perdu/gagné/dansé** au karaoké.
10 Elle a **pu/vu/lu** des BD, seule, dans le dortoir.

message

- Watch out for the negatives!
- First, work orally until you can do **1–10** without hesitation. Next, write down your answers in full sentences for consolidation.

5 **a** Entraîne-toi à lire la BD à voix haute.

b Regarde un paragraphe de la BD dix secondes seulement, puis écoute ton professeur et continue l'extrait, oralement, de mémoire.

6 Imagine que tu es Nadia.

a Dis les paragraphes **2–6** p140 à la première personne du singulier.

Exemple

Ah, hier! D'abord, j'ai décidé de . . .

b Fais l'activité **6a** par écrit.

c Fais la feuille **2**.

12 C'était bien, Loisirama?

Learning objectives

Narrating past events: recycling of the perfect tense singular
Descriptions in the past: *c'était . . . ; il y avait . . .*

Hugo arrive à la maison et téléphone à son copain Bruno, qui n'a pas été à Loisirama parce qu'il est dans un collège différent.

1 **a** Regarde le texte et écoute Hugo.

A Allô, Bruno? C'est Hugo! Je suis chez moi! . . .
B . . . Ah oui, c'était génial . . .
C . . . Les profs? Non! M. Charvet n'était pas trop strict . . .
D . . . La prof de dessin? Ah oui, elle était très amusante avec nous . . .
E . . . Euh, du sport. On a fait beaucoup de sport. Les équipements sportifs étaient excellents! Il y avait un stade, une salle multi-sports . . .
F . . . Oui, oui, il y avait une piscine, mais l'eau n'était pas très bonne . . .
G . . . Dans la cantine. Il y avait une cantine . . .
H . . . Euh, oui, j'ai trouvé les repas assez bons. Le dernier jour, par exemple. Mais le premier jour, c'était nul!
I . . . Oui, on a fait deux matchs. Ah, j'ai joué au ping-pong aussi . . .
J . . . Ouais, et tu sais, j'ai fait une compétition! . . .
K . . . De ping-pong. J'ai fait une compétition de ping-pong . . . .
L . . . Non, je n'ai pas fini premier . . .
M . . . C'est Marie. Tu connais Marie . . .
N . . . Oui. Elle a fini première. Oh, zut, 10h! Salut!

b Fais correspondre **1–10** avec **a–j** à l'aide du texte.

1 des équipements sportifs	**a** to be in a match
2 il y avait	**b** a meal
3 bon, bonne	**c** excellent
4 un repas	**d** to finish first
5 excellent, excellente	**e** sports facilities
6 le dernier jour	**f** to be in a competition
7 nul, nulle	**g** good
8 faire un match	**h** there was/there were
9 faire une compétition	**i** dreadful
10 finir premier/première	**j** on the last day

2 Relis le texte de Hugo p142.
Est-ce que Hugo parle des thèmes **1–15**? Ecris «oui» ou «non».

1 le bricolage	**6** manger	**11** se reposer
2 la télé	**7** l'argent	**12** les profs
3 la lecture	**8** les souvenirs	**13** le travail
4 le sport	**9** les loisirs	**14** perdre ou gagner
5 boire	**10** le shopping	**15** les pays

3 a Ecoute maintenant la conversation complète, avec le rôle de Bruno.
Est-ce que ça aide à comprendre Hugo?

b Lis les extraits **1–4** de la conversation entre Hugo et Bruno.
Ecris **A** (= acceptable) ou **R** (= ridicule).

1
Bruno – Alors, qui a gagné?
Hugo – De ping-pong. J'ai fait une compétition de ping-pong.

2
Bruno – Qu'est-ce que tu as fait à Loisirama?
Hugo – Oui, il y avait une piscine.

3
Bruno – Et les profs? C'était difficile?
Hugo – Non, M. Charvet n'était pas trop strict.

4
Bruno – Marie, c'est la sœur de Benjamin?
Hugo – Oui. Elle a fini première.

c Ecoute Bruno (**1–6**). Pour chaque extrait, trouve la réponse de Hugo p142: écris la lettre (**A–N**).

4 Entraîne-toi à jouer le rôle du Hugo au téléphone.

5 Invente un supplément au rôle de Hugo p142 à l'aide de ces notes. Si tu veux, tu peux ajouter un ou deux détails de ton choix.

Bed was dreadful.
Went to a café in town on the last day.
There was another school.
Sports equipment very modern.
Did a cycling competition: finished second.
Can't go out tonight: too tired.

reinforcement...recycling...extension...

Learning objectives

Stocktake on the perfect tense (singular)
Using past, present and future
C'est/C'était . . . Il y a/Il y a avait . . .
Revision: expressions of quantity

grammaire X

1 Le passé composé (singulier)

- Now you should know the perfect tense singular really well (*AnneXe* p56).
- Regular *-er* verbs simply change to *-é*, but you need to revise other past participles (*les participes passés*) regularly.

A toi!

a Dis les verbes **1–10** au passé composé (singulier) avec un minimum d'hésitation.
Exemple

J'ai gagné, tu as gagné, il a gagné, elle a gagné, on a gagné!

1	gagner	**6**	boire
2	être	**7**	lire
3	faire	**8**	pouvoir
4	finir	**9**	perdre
5	prendre	**10**	avoir

b Par écrit, change les phrases positives en phrases négatives, et vice versa.

1. Stéphane a gagné le match.
2. Lucie n'a pas aimé les repas.
3. Tu a déjeuné avec les autres?
4. Hier, je n'ai pas fini troisième.
5. Il a pris les crêpes.
6. Tu as bu le coca!
7. Je n'ai pas essayé de gagner.
8. Elle a vu le prof derrière elle.
9. Hier, on n'a pas pu faire de la voile.
10. Ce matin, on a été au stade.

2 Le passé . . . le présent . . . le futur

Tu connais le passé composé, mais tu ne dois pas oublier:
- le présent;
- le futur avec «aller» + infinitif.

Fais la feuille **3**.

3 grammaire

C'est/C'était . . . Il y a/Il y avait . . .

Présent		Passé	
C'est facile	It is easy	*C'était* facile	It was easy
Il y a un parc	There is a park	*Il y avait* un parc	There was a park
Il y a des magasins	There are some shops	*Il y avait* des magasins	There were some shops

A toi!

Ecoute les dialogues **1–8** et écris «présent» ou «passé».

4 Révision: expressions de quantité

a Lis **1–17** et traduis les expressions **en caractères gras** à l'aide du contexte.

1 Regarde: les lunettes bleues sont **moins** chères!

2 Je suis toujours **plus** fatiguée le lundi matin.

3 Est-ce que tu as **assez d**'argent?

4 Il y a **trop de** bruit le soir à Loisirama.

5 Il y a **beaucoup d**'activités ici?

6 C'est difficile: je ne comprends **rien**!

7 Regarde: tu as **plus de** poulet! Et moi!

8 Il y a **moins de** voitures ici.

9 On a joué au ping-pong **au moins** dix fois.

10 La montre blanche, ça fait **combien**?

11 On va rester ici **combien de** jours?

12 Je fais du sport **environ** trois fois par mois.

13 C'était bruyant et, **en plus**, c'était sale.

14 J'adore la voile mais j'aime **aussi** le roller.

15 Regarde: la casquette est **trop** petite, non?

16 Les repas sont **assez** bons ici.

17 Tu aimes **beaucoup** la voile? Pas moi!

b Ecoute **1–8**. Dans chaque phrase, il y a une expression de l'encadré (the box): recopie l'expression.

c Invente une phrase par écrit avec chaque expression de l'encadré.

assez	assez de	au moins	aussi	beaucoup	
beaucoup de	combien	combien de	en plus	environ	moins
moins de	plus	plus de	ne . . . rien	trop	trop de

Making the most of new language

1 **a** Lis l'extrait de la lettre de Natasha, puis lis **1–5**: ✓ ou ✗?

1 Natasha finishes school on 22nd July.
2 Zoë is planning a trip to Great Britain.
3 Natasha is going away with her school.
4 Her half-sister is the same age as her.
5 Anna is a good loser at sports.

b Traduis **6–10**, sans dictionnaire, à l'aide de l'extrait de lettre. Regarde bien le contexte; **6–10** sont dans l'ordre chronologique.

6 on holiday
7 nearly
8 unfortunately
9 fortunately
10 ill

Preston, le 17 juillet

Chère Zoë,

Ça va? C'est fini, le collège? Tu es en vacances? Tu te reposes maintenant? Moi, je ne finis pas avant le 22. Quand est-ce que tu vas venir ici exactement? Donne-moi la date exacte parce que je ne veux pas être absente.

La semaine dernière, j'ai été dans un centre de loisirs dans le nord du pays de Galles avec mon collège pendant presque une semaine. Malheureusement, je n'ai rien fait parce que j'étais malade. Une semaine au lit, ce n'était pas très amusant: je n'ai pas dansé, je n'ai pas joué avec les autres . . . rien! Heureusement, j'ai pu faire un peu de shopping le dernier jour, mais c'est tout. Ah, moi, le shopping!

Anna aussi a été au centre de loisirs parce qu'elle est dans ma classe. Tu sais, c'est ma demi-sœur et elle a 13 ans, comme moi. Elle est très active et elle a essayé beaucoup de sports différents pendant la semaine. Elle déteste perdre, mais elle ne gagne pas toujours. Heureusement, parce que quand elle gagne, elle est très excitée et c'est fatigant!

2 Ecoute **1–9** et complète avec **a–i**: écris le numéro et la lettre.

Exemple 1 J'ai essayé de parler à ma mère, . . .
→ *1 e*

a . . . parce qu'il n'est pas très sympathique.

b . . . J'ai mangé, c'est tout. J'ai pris un sandwich.

c . . . parce qu'il a beaucoup révisé.

d . . . parce qu'elle était très fatiguée.

e . . . mais elle n'a pas écouté.

f . . . Tu n'as pas vu mon sac?

g . . . mais je n'ai pas très soif.

h . . . Ou est-ce que tu n'as pas commencé?

i . . . pour acheter une souris pour mon ordinateur.

message X

Can you recognise the perfect tense in listening?
Can you recognise words and phrases learnt across a range of topics?
Let's find out . . .

3 Imagine: tu as été à un centre de loisirs avec ton collège pendant une semaine, et ton frère/ta sœur aussi. Tu as été malade (ill).
Décris la semaine de ton frère/ta sœur au centre de loisirs.
Utilise la technique du monologue au téléphone p142.

message X

- N'oublie pas! Tu parles de ton frère ou ta sœur: «il . . .» ou «elle . . .».
- Utilise le passé composé («il a fait . . .»; «elle a joué . . .»), mais tu peux aussi:
  – faire des descriptions: «il y avait . . .»
  – donner une ou deux réactions: «c'était . . .»; «elle a trouvé ça amusant».
- Varie le vocabulaire, par exemple les verbes:
  jouer, faire, essayer de, décider de, refuser de, manger, acheter, etc.
- Utilise des expressions de quantité (p145).
- Après, vérifie les accords (agreements), la ponctuation et l'orthographe (spelling).
  N'oublie pas les accents.

4 Est-ce que ton professeur a vérifié ton travail (activité **3**)?
Entraîne-toi à jouer ton monologue oralement.

message X

As a challenge, you can learn part of your monologue by heart.

BD

Les vacances*

Quarante pour cent (40%) des Français de plus de 17 ans ne vont pas en vacances chaque année, et dix millions de Français n'ont jamais été en vacances. La raison principale: pas assez d'argent.

Quelquefois, le gouvernement ou des associations organisent des vacances pour les enfants. Mais maintenant, le gouvernement fait plus: il aide les familles – enfants et parents – à partir en vacances. Par exemple, en 1999, le gouvernement a aidé 1 000 familles.

Quel est l'avantage? En vacances, les parents et les enfants peuvent faire des activités identiques en famille.

Glossaire

les vacances = the holidays

C'est vrai!

Un Français a traversé* la Manche* par accident.

Oui! C'est l'aventure extraordinaire d'un fanatique de planche à voile* en août 1999. Il a quitté Trouville-sur-Mer, une ville de Normandie dans le département du Calvados, dans le nord-ouest de la France (voir p17). Sa destination: Dieppe, une ville plus à l'est, dans le département de la Seine-Maritime.

Problème: il a perdu le sens de l'orientation et il est arrivé à Hastings, en Angleterre. Au total, il est resté six heures sur sa planche à voile*!

Glossaire

traverser = to cross
la Manche = the English Channel
la planche à voile = windsurfing
une planche à voile = a sailboard

Spécial fin de livre

message X

Avec *teXto*, on apprend souvent du vocabulaire . . . sans effort.

Est-ce que tu comprends les mots **1–20**, souvent utilisés dans **Formule X 2**?

Challenge: trouve un maximum de traductions sans regarder les lignes.

Difficile? Vérifie à l'aide des lignes.

1	une île	**a**	the English Channel
2	un département	**b**	an ocean
3	un numéro	**c**	a result
4	chaque	**d**	one day a year
5	une langue	**e**	London
6	un an/une année	**f**	there is, there are (= *il y a*)
7	chaque année	**g**	an island
8	un jour par an	**h**	a forest
9	en général	**i**	the climate
10	un résultat	**j**	a department (≈ county)
11	un adolescent	**k**	to discover
12	Londres	**l**	each
13	un enfant	**m**	a number
14	une école	**n**	a school
15	un océan	**o**	a year
16	une forêt	**p**	a language
17	la Manche	**q**	a child
18	le climat	**r**	generally
19	découvrir	**s**	each year, every year
20	il existe	**t**	a teenager

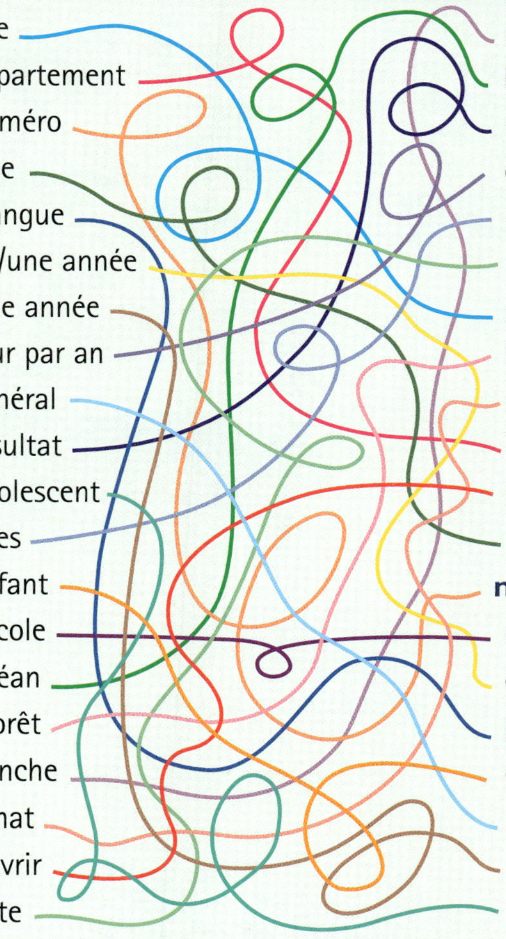

Pays et capitales

Ankara	la Turquie
Athènes	la Grèce
Bagdad	l'Irak
Canbera	l'Australie
Dakar	le Sénégal
Dhaka	le Bangladesh
Helsinki	la Finlande
Kingston	la Jamaïque
Lima	le Pérou
Lisbonne	le Portugal
Luanda	l'Angola
Mexico	le Mexique
Moscou	la Russie
Sofia	la Bulgarie
Téhéran	l'Iran

- Travaille avec la cassette.
  Mémorise un maximum de couples pays–capitale (deux minutes).
  ➔ Cache les capitales.
  ➔ Ecoute les capitales **1–12** et écris le pays.

- Travaille avec ton professeur.
  Objectif: la prononciation.
  Cache les capitales.
  ➔ Ecoute ton professeur et lève le doigt pour dire le pays.

- Travaille sur un site Internet en français.
  Cherche un pays ou une capitale
  ➔ Note entre cinq et dix détails en anglais.

message X

You won't understand everything you find on the Internet, but don't use a dictionary and don't spend hours reading everything in great detail. Simply browse for pieces of text that look like English.

On chante!

Ville cosmopolite

Tu sais, ma ville est géniale,
C'est vrai, elle n'est pas banale.
Je vais expliquer pourquoi,
Voilà: dans ma ville, il y a . . .

Une voiture américaine,
Une copine canadienne,
Un vélo américain,
Et Bob, mon copain canadien.

Une cafétéria indienne,
Une tortue italienne,
Et un magasin indien,
Et Max, mon lapin italien.

Une famille écossaise,
Une boutique irlandaise,
Un professeur écossais,
Et un cinéma irlandais.

Tu sais, ma ville est géniale,
C'est vrai, elle n'est pas banale.
Est-ce que tu comprends pourquoi
J'aime habiter ici? Voilà!

Poème

Objectif: jouer un sketch en groupe avec le poème «Dans ma rue».

message X

- For example, one person could use props and another could do a mime routine while another two people read out the poem, taking it in turn to read out lines or groups of lines.
- The poem is recorded on cassette to help you practise.

Dans ma rue

Quand tu vas venir chez moi,*
Regarde bien mes deux chiens.
Quand tu vas venir chez moi,
N'écoute pas les voisins.
Mes chiens sont très sympathiques,
Il y a Patou et Quick,
Mes chiens sont très amusants,
Quelquefois un peu bruyants.
Mais les voisins sont bavards,
Trop curieux, désagréables,
Les voisins sont embêtants,
Ennuyeux et fatigants.
C'est d'accord, tu viens chez moi?
Rue Royale, numéro trois?
On va jouer avec mes chiens
Et embêter les voisins.*

Glossaire

venir = to come
embêter = to annoy

Culture générale

Lis **1–15**: c'est vrai ou faux?

message X

You learnt some reflexive verbs in Unit **4** and you will find a few more in **1–15**.
First, look them up:
se trouver – se situer – se laver – se ressembler – se diriger

1 Le Botswana se trouve en Afrique du Nord.
2 Le Pérou se trouve en Amérique du Sud.
3 L'Inde se situe dans l'hémisphère sud.
4 Les Caraïbes se situent dans l'hémisphère nord.
5 Les pandas se reposent beaucoup.
6 Les chats se lavent très souvent.
7 Le lion et la panthère se ressemblent beaucoup.
8 Le crocodile et l'alligator se ressemblent beaucoup.
9 La Rhodésie s'appelle maintenant le Zimbabwe.
10 Pékin s'appelle maintenant Beijing.
11 La capitale du Brésil s'appelle Brasilia.
12 Le Nil se dirige vers* l'océan Pacifique.
13 L'Amazone se dirige vers l'océan Atlantique.
14 Le soleil* se lève au sud.
15 Le soleil se couche à l'ouest.

Glossaire
vers = towards   le soleil = the sun

On communique!

Tu connais beaucoup d'expressions pour communiquer avec ton professeur et ta classe, mais c'est aussi utile dans des situations différentes. Regarde ces exemples:

A toi! Découpe des photos dans des magazines et invente des bulles pour faire des posters.

Poème

Ma famille est impossible

Ma famille est impossible:
«Qu'est-ce que tu fais?
Qu'est-ce que tu veux?
Qu'est-ce que tu dis?
Qu'est-ce que tu manges?
Qu'est-ce que tu lis?
Qu'est-ce que tu chantes?
Qu'est-ce que tu cherches?
Qu'est-ce que tu vois?»

Et moi?
Est-ce que je parle?
Est-ce que je réponds?
Est-ce que je reste?
Est-ce que je sors?
Non.
Je dors.

Les nombres et les départements

Ecoute **A–J** et trouve les départements le plus vite possible sur la feuille **6** (Unité **6**): écris la lettre.

Exemple

1 *J'habite dans le sud-ouest et mon département est le numéro 64.*

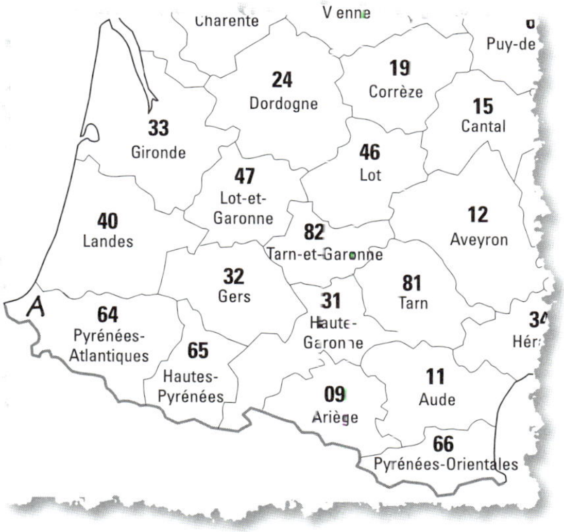

Unités 5–6

Rue Sébastopol

Dans la rue Sébastopol, il y a seulement quatre magasins:

- une maison de la presse
- une librairie
- une pharmacie
- un magasin de sport

Comment sont les quatre magasins?

- La librairie est propre.
- Le magasin de sport n'est pas moderne.
- Dans le magasin qui est joli, il n'y a pas de livres ou de magazines.
- La pharmacie n'est pas calme.
- Le magasin de sport n'est pas joli.

Chaque adjectif (calme, joli, moderne, propre) correspond seulement à un magasin. Quel adjectif correspond à quel magasin?

On chante!

Réductions et promotions

Attention, promotions,
Oui, pour vous, c'est la solution!
Attention, réductions,
Et regardez l'information!

Sandwichs, épicerie,
Boulangerie, charcuterie,
Surgelés, pharmacie,
Et payez moins cher aujourd'hui!

Ecoutez, achetez,
Et venez voir et regardez!
Allez vite, cherchez bien,
Et demandez, n'oubliez rien!

Sandwichs, épicerie,
Boulangerie, charcuterie,
Surgelés, pharmacie,
Et payez moins cher aujourd'hui!

Attention, promotions
Mercredi à tous les rayons!
Attention, réductions
Sur les boissons, sur le poisson!

Sandwichs, épicerie,
Boulangerie, charcuterie,
Surgelés, pharmacie,
Et payez moins cher aujourd'hui!

On mange!

- Fais correspondre les recettes (recipes) **1–4** avec les dessins **A–F**. Pour le vocabulaire, regarde la feuille **6** (Unité **9**).

RECETTE 1

Etale du miel sur une crêpe.
Ajoute du yaourt.
Décore avec des raisins secs.

RECETTE 2

Etale du beurre de cacahuète dans un croissant.
Ajoute une tranche de bacon.
Mets des tranches d'œuf dur et de tomate sur le bacon.

RECETTE 3

Etale de la moutarde sur une tranche de toast.
Ajoute des tranches d'œuf dur.
Décore avec deux petites saucisses.

RECETTE 4

Mets des cornflakes dans un verre.
Etale du miel liquide sur les cornflakes.
Ajoute des tranches de banane et d'orange.

- Ecris les recettes pour les deux autres dessins, puis écoute les deux recettes sur cassette: tu as bien deviné?
- A toi! Invente ta recette – intéressante ou . . . bizarre!

A

B

C

D

E

F

Unités 7–9

Prononciation: rrrrrr . . . !

Tu aimes le rap? Entraîne-toi avec la cassette.
Attention: prononce bien la lettre «r»!

Regarder,
Réviser,
Répéter,
Recommencer.

Recopier,
S'entraîner,
Comparer,
Et vérifier.

Bien apprendre,
Bien entendre,
Bien répondre,
Faire correspondre.

Bien écrire,
Bien décrire,
Bien choisir,
Et bien traduire.

Travailler, toujours travailler,
Pourquoi? On est si fatigués!
Travailler, toujours travailler,
C'est assez, on va refuser!

Travailler, toujours travailler,
Moi, je préfère lire des BD.
Travailler, toujours travailler,
Moi, je préfère me reposer!

J'hésite . . .

Jouez avec les cartes des feuilles **5–7** (Unité **12**).

Avance ou recule

1 L'est, l'ouest, le sud et le . . . ?

2 Tu as gagné un match. Avance de deux cases.

3 Comment s'écrit l'adjectif «ancien» au féminin?

4 Quelle est la différence entre «c'est» et «c'était»?

5 Tu as oublié ton sac en salle 23. Recule de quatre cases.

6 Tu as fini tes révisions. Avance de trois cases.

7 Tu as été à la bibliothèque. Avance de quatre cases.

8 En France, on parle français. En Espagne, on parle . . . ?

9 L'infinitif de «tu viens» est . . . ?

10 Tu as perdu ton cahier sous ton lit. Recule de deux cases.

11 Quatre-vingt-quinze + treize = ?

12 Trouve l'intrus: *serviable – curieux – voisin – réservé*

13 Tu as pêché un poisson. Avance de deux cases.

14 Tu as perdu au ping-pong. Recule de trois cases.

15 On dort dans: la cuisine? la chambre? le bureau?

16 Tu as trouvé tes lunettes. Avance de quatre cases.

17 Tu as bu trop de coca. Recule de deux cases.

18 Tu as écrit à tes grands-parents. Avance de deux cases.

19 Tu as refusé de chanter. Recule de quatre cases.

20 On déjeune le matin? à midi? le soir?

21 Tu as préparé le dîner. Avance de deux cases.

22 Tu as aidé tes parents. Avance de trois cases.

23 «Cinquante» est avant ou après «trente»?

24 Tu n'as pas écouté en classe. Recule de quatre cases.

25 Gauche = *left* ou *right?*

26 Tu as oublié la boum de Sam. Recule de trois cases.

27 On achète du lait à la crémerie, «oui» ou «non»?

28 Tu n'as pas acheté les fraises! Recule de quatre cases.

29 Arrivée

avance = go forward
recule = go back
l'intrus = the odd one out

If you don't know an answer, miss a turn.

Unités 10–12

Carte

Fort William
ECOSSE
Londonderry
IRLANDE DU NORD
Dublin
IRLANDE
Llandudno
Cork
PAYS DE GALLES
ANGLETERRE
Norwich
Exeter
Lille
Caen
Strasbourg
FRANCE
La Rochelle
Clermont-Ferrand
Lyon
Bayonne
Toulouse
Nice